Vom Einfluss der Persönlichkeit auf die Geschichte

Andreas Dadschun

–

Vom Einfluss der Persönlichkeit auf die Geschichte

–

Ein Essay zur 75. Wiederkehr des Endes des Zweiten Weltkriegs

,

Bibliografische Information der Deutschen Nationalbibliothek: Die Deutsche Nationalbibliothek verzeichnet diese Publikation in der Deutschen Nationalbibliografie; detaillierte bibliografische Daten sind im Internet über http://dnb.dnb.de abrufbar.

2., überarbeitete Auflage

© 2020 Andreas Schulz

Herstellung und Verlag:
BoD – Books on Demand, Norderstedt

ISBN: 978-3-7519-2309-5

Inhaltsverzeichnis

Einleitung

Ich hatte dieses kleine Büchlein ursprünglich zum Jahrestag der 75. Wiederkehr des Endes des Zweiten Weltkriegs fertigstellen wollen, und wer das Jahr 2020 kennt, weiß, was das bedeutet: Mitten in der Arbeit schlossen unverhofft die Bibliotheken, während man gleichzeitig nichts mehr zu tun hatte. Ich nutzte die Zeit also, um weiterzumachen, musste für meine Recherchen aber in größerem Maße auf Wikipedia zurückgreifen. Das Essay ging trotzdem pünktlich an einen Book-on-Demand-Verlag – und ebenso pünktlich öffneten kurz darauf die Bibliotheken wieder ihre Pforten. Das machte Überprüfungen möglich und notwendig, weshalb ich mich dazu entschied, nach nur wenigen Monaten eine überarbeitete Fassung herauszubringen.

Wovon handelt nun das Büchlein in Ihren Händen (oder auf Ihrem Bildschirm)? Es ist, wie der Titel sagt, ein Essay über den Einfluss der Persönlichkeit auf die Geschichte. Dabei handelt es sich um ein Essay, weil es dazu dient, Gedankengänge zu entwickeln statt neues Material auszuwerten. Ausgangspunkt dieser Gedankengänge sind drei Konzepte, die sich im weitesten Sinne unter dem Begriff der „Persönlichkeit" zusammenfassen lassen: der Links-Rechts-Gegensatz, die Orientierung eines Menschen in politischen Mehrebenensystemen sowie das Big-Five-Modell der Persönlichkeitspsychologie. Wir werden danach fragen, inwieweit sie die Weltsicht, das Verhalten und die Entscheidungen einiger historischer Personen beeinflussten.

Als Leitfaden wird uns dabei die Persönlichkeit Joseph Goebbels' dienen. Warum Goebbels? Sieht man davon ab, dass es nicht unangemessen erscheint, zum 75. Jahrestag des Endes des Zweiten Weltkriegs die Persönlichkeit eines Nationalsozialisten in den Blick zu nehmen, so war zunächst einmal ausschlaggebend, dass der Propagandaminister eine sehr ausgeprägte Persönlichkeit aufwies, für deren Bestimmung eines reiches Reservoir an Egodokumenten vorliegt. Sodann lässt sich an ihm gut zeigen, was eine Pseudopersönlichkeit ist (sie werden später erfahren, was sich hinter diesem Konzept verbirgt). Und schließlich wissen wir dank der Arbeit Toby Thackers, dass vier Leitideen sein Leben und Weltbild prägten: Deutscher Nationalismus, Antisemitismus, Sozialismus und die Verehrung Adolf Hitlers. Sie konnten als Gliederung dieses Essays genutzt werden, wobei ich mit jener Leitidee beginne, mit der man Goebbels am wenigsten assoziiert: dem Sozialismus.

Der Sozialist

Wer Goebbels' Anhänglichkeit an den Sozialismus verstehen will, muss sich mit dem Phänomen des Links-Rechts-Gegensatzes beschäftigen. In der Regel wird dieser anhand politischer Einrichtungen und philosophischer Diskurse definiert, die letztlich in eine Traditionslinie mit der Sitzordnung der französischen Nationalversammlung von 1789 gebracht werden: Die Anhänger des Ancien Régime bilden die Rechten, die Anhänger der Revolution die Linken. Je mehr Zeit jedoch verging, desto unschärfer wurden diese Unterschiede, ja scheinen beide Gruppen, wenn beispielsweise Rechte eine konservative Revolution fordern, sogar die Seiten tauschen zu können, sodass Armin Nassehi die Forderung aufstellte, auf die Verwendung der Konzepte links und rechts in der Politik gänzlich zu verzichten. Andere Autoren wie Norberto Bobbio hingegen akzeptieren einen fortdauernden Gegensatz, wobei sich aber auf beiden Seiten tolerante und extreme Spielarten entwickeln können sollen.

Dass der Links-Rechts-Gegensatz die Wissenschaft vor solche Probleme stellt, liegt meiner Meinung nach in der angewandten Methodik begründet. Um das zu verstehen, wenden wir uns Carl Freiherr von Brandenstein zu.

Von Brandenstein wurde 1875 in Pegau als Sohn eines sächsischen Offiziers geboren. Die ersten 43 Jahre seines Lebens verliefen wenig spektakulär: Aufgewachsen in Sachsen-Altenburg, durchlief er eine Karriere im preußischen Staatsdienst, die ihn 1912/13 bis ins Landratsamt von Bleckede führte. Nach kurzer Kriegsteilnahme wurde er Ende 1917 Innenminister von Reuß jüngerer Linie, wo er vermutlich irgendwann als Staatsminister in den Ruhestand getreten wäre.

Doch dann, auf halber Strecke, änderte sich von Brandensteins Lebensweg völlig. In der Novemberrevolution schlug er sich auf die Seite der USPD, wurde 1918 Vorsit-

9

zender des Vollzugsausschusses des Geraer Arbeiter- und Soldatenrates und schließlich Superminister im Volksstaat Reuß. Ende 1920 stieg er zum thüringischen Innen- und anschließend, nunmehr Mitglied der SPD, zum Justizminister auf. Mit Anfang 50 verließ von Brandenstein Politik und Partei und zog ins brandenburgische Woltersdorf. Doch dieser Rückzug sollte nicht ewig wären: Mit Kriegsende stieg der Freiherr in die Kommunalpolitik ein und fungierte beispielsweise als Vorsitzender der Gemeindekommission für die Durchführung der Bodenreform. 1946 verstarb er.

Was würde geschehen, wollte man das Links-Rechts-Schema nach dem Leben von Brandensteins zu definieren versuchen? Der Freiherr, der vom preußischen Landrat zum Vorsitzenden einer Bodenreformkommission wurde, entzieht sich sämtlichen Definitionen und Traditionslinien, das Ergebnis wäre das reinste Chaos.

Nun hat von Brandenstein außerhalb der thüringischen Landespolitik keine historische Bedeutung erlangt, andere Personen schon. Für ähnliche Fälle brauchen wir gar nicht weit in die Vergangenheit zu blicken: Nachdem zuerst Gerhard Schröder die SPD zu einem Kurs drängte, der diese in ihren Grundfesten erschütterte, ist es nun Angela Merkel, welche die Union aus Sicht zahlreicher Mitglieder in fremde Gewässer zu führen scheint. Die FDP bezahlte ihren Kurswechsel der späten 1960er wie jenen der frühen 1980er Jahre jeweils mit einer schmerzlichen Zahl an Parteiaustritten.

Diese Beispiele zeigen Eines ganz deutlich: Politiker können durch den Zufall, das Streben nach Karriere, die Konstellationen vor Ort, das Eingehen von Koalitionen, Intellektuelle durch die Parteinahme zu einem bestimmten Ereignis an eine Partei geraten, die ihnen eigentlich ferner steht als andere. Sie können aber gleichwohl beispielsweise als Spitzenpolitiker einen erheblichen Einfluss auf diese politische Vereinigung ausüben und sie auf Jahrzehnte prägen. Angesichts dessen ist es kein Wunder, dass eine Definition des Links-Rechts-Gegensatzes, die sich am Handeln von Politikern orientiert und diese über ihre Parteimitgliedschaft einordnet, auf die Dauer im Chaos enden muss. Sinnvoller wäre es, jenen Personenkreis in den Fokus zu rücken, der in seiner politischen Entscheidung weniger durch den Zwang zur Koalition oder den Versuch der Einflussnahme auf die öffentliche Meinung und nur selten durch Überlegungen zur eigenen Karriere beeinflusst wird: die Wähler.

Möglich wird ein solcher Zugriff durch eine inzwischen fast ein Jahrhundert währende Forschung zu politischen Einstellungen, wobei für uns vor allem Paul Felix Lazarsfeld, Seymour Martin Lipset und Stein Rokkan von Interesse sind. Sie legten nicht nur grundlegende Untersuchungen zum Links-Rechts-Gegensatz vor, ihre Ergebnisse zeigen auch ein ausgesprochen stabiles und in sich geschlossenes Bild.

Demnach ist der Links-Rechts-Gegensatz als ein zweidimensionales Phänomen zu betrachten. Die eine Dimension bildet der Antagonismus zwischen Arbeit (Linke) und Kapital (Rechte), die andere derjenige zwischen Areligiosität (Linke) und Religiosität (Rechte). Unter (A)Religiosität wird dabei das Ausmaß verstanden, in dem Personen die Anwendung religiöser Handlungen für wichtig oder unwichtig halten.

Das war's, tertium non est – eine dritte Dimension gibt es nicht. Allerdings zeigte schon Lazarsfelds Untersuchung der US-Präsidentenwahl von 1940, dass sich linke und rechte Hochburgen nicht zufällig über die Landkarte verteilen. So waren die der Laissez-Faire-Politik zuneigenden Republikaner im ländlichen Raum stärker als in der Stadt und schnitten auch bei den Frauen etwas besser ab als bei den Männern. Bei den den New Deal vertretenden Demokraten, die schon 1800 mit einem als „Atheisten" bekämpften Thomas Jefferson in den Wahlkampf gezogen waren, lagen die Verhältnisse naturgemäß genau umgekehrt. Interessanterweise war dies kein US-amerikanisches Phänomen, denn auch in Europa schnitten bis zur Mitte des 20. Jahrhunderts religiöse Parteien unter Frauen besser ab als unter Männern, linke Parteien sind in Städten in der Regel bis heute erfolgreicher als auf dem Land. Eine oberflächliche Untersuchung hätte den Links-Rechts-Gegensatz seinerzeit folglich als Ausdruck eines Männer-Frauen- oder eines Stadt-Land-Konflikts deuten können.

Genau an dieser Stelle setzten die Arbeiten von Lipset und Rokkan an. Sie stellten fest, dass der Links-Rechts-Gegensatz nicht direkt auf die Politik und den philosophischen Diskurs einwirkt, sondern indirekt, anhand weniger abstrakter, stärker an der Lebenswirklichkeit orientierter Konzepte. So bestand beispielsweise im Mitteleuropa des frühen 16. Jahrhunderts ein vor allem die Bedürfnisse des religiösen Teils der Bevölkerung ansprechender Katholizismus. Die linken Mitteleuropäer konnten damit wenig anfangen und orientierten sich folglich an Konzepten, die weniger Wert auf religiöse Handlungen legten: die Intellektuellen am Humanismus, die übrige Bevölkerung am sich rasch ausdifferenzierenden Protestantismus. Letzterer wurde neben dem Katholizismus zu einer der beiden großen Parteiungen, die als Leitlinien die Politik weiter Teile Europas in den nächsten Jahrzehnten, ja Jahrhunderten prägen sollten. Gewinnen anhand des Links-Rechts-Gegensatzes gepolte politische Konzepte eine solche Bedeutung, betrachteten Lipset und Rokkan das als Nachweis, dass sie auf einer Cleavage, einer gesellschaftlichen Spaltungslinie, beruhen.

Freilich ist die Realität noch komplexer. Was soll ein Katholik beispielsweise tun, wenn der Protestantismus wie die Anglikanische Kirche Englands Staatsreligion ist und sich in der Zwischenzeit sogar noch weiter links stehende Interpretationen des Christentums entwickelten, womöglich gar der Atheismus um sich zu greifen beginnt? Wie Lipset feststellte, verbünden sich die Angehörigen von Religionen

12

mit einem niedrigen sozialen Status in einem solchen Fall mit den Kräften auf jener Seite des Links-Rechts-Gegensatzes, die aktuell für die gesellschaftlich nicht privilegierten Teile der Bevölkerung eintreten. Daher finden wir die britischen Katholiken des 19. Jahrhunderts an der Seite der Dissenters bei den die Linke bildenden Liberalen, wohingegen sie in Frankreich, wo ihnen kein Minderheitenstatus zukam, zeitgleich die wichtigste Stütze der rechten Konservativen bildeten.

Fassen wir zusammen: Männer-Frauen-Antagonismus, Stadt-Land-Konflikt, Protestantismus gegen Katholizismus, Minderheitenbündnis gegen Amtskirche – es gibt viele Ausprägungen, die der Links-Rechts-Gegensatz mal direkt, mal vermeintlich haben kann. Gleichwohl sind solche Ausprägungen zeitlich begrenzt, mag diese Begrenzung auch Jahrzehnte umfassen. Was dagegen stabil bleibt, sind seine beiden Dimensionen: Arbeit gegen Kapital und Areligiosität gegen Religiosität.

Versuchen wir, diesem reichlich abstrakt wirkenden Konzept auf der individuellen Ebene zu begegnen, indem wir konkret linke und rechte Personen betrachten. Beginnen wir mit zwei Rechten: Adolf Hitler und Heinrich Himmler.

Erwartungsgemäß waren beide sehr religiöse Menschen. Hitler ist nur zu verstehen, wenn man annimmt, dass er ernsthaft an die Existenz einer höheren Macht glaubte, die er als „*Vorsehung*" und „*Schicksal*" empfand. Dieser Vorsehung zu folgen war ihm die Voraussetzung für Erfolg, mit ihr zu brechen hätte aus seiner Sicht in die Katastrophe geführt. Ein ähnliches Bild zeigt sich bei Himmler: Auch er galt zunächst als ungemein gottesfürchtiger Katholik, ehe er sich vom Christentum abwandte und seine Religiosität in einem Germanenkult auszuleben suchte. Diese göttliche Macht zu ergründen war ihm immerhin der Unterhalt einer kompletten Institution – des Ahnenerbes – wert. Beide planten zudem, selbst als Religionsstifter tätig zu werden.

Auch die Neigung zum Faktor Kapital ist in beiden Fällen unverkennbar. Hitler begann nicht nur früh, Maßnahmen zu ergreifen, um sich „Mein Kampf" reichlich versilbern zu lassen; wie Heike G. Börtemaker darlegt, waren die Finanzen auch einer der ersten Bereiche der NSDAP, die er unter seine Kontrolle brachte. Hitler hatte zudem keine Scheu, mit Industriellen in Kontakt zu treten, um sich seinen Aufstieg finanzieren zu lassen. Als er diesen Kreis nicht mehr benötigte, wurde er von Himmler übernommen, der aus dieser Quelle Millionenbeträge für sein Ahnenerbe bezog. Das mag auf den ersten Blick nichts Auffälliges sein, schließlich benötigen Politiker und politische Einrichtungen stets Geld und warum dafür nicht den Kontakt in jene Kreise suchen, die welches besitzen? Der Vergleich zu einigen Linken zeigt jedoch, dass Hitlers und Himmlers Verhalten nicht selbstverständlich war.

Nun soll an dieser Stelle nicht das Lied vom ewig armen Arbeitervertreter gesungen werden. August Bebel hatte durchaus seine, allerdings teilvermietete, Villa in der Schweiz. Ferdinand Lassalle lebte seine Luxussucht offen aus und Friedrich Engels' größter Ärger bestand zeitweise darin, dass er zu lange schon niemandem mehr seinen berühmten Krabbensalat hatte kredenzen können. Ganz ähnlich frönte Jens (Theodor) Mommsen dem Wein, vor allem dem guten, und kehrte immer mal wieder in Delikatessenläden ein. Auch Goebbels liebte den Luxus – und verspätete sich gleich bei einem seiner ersten Auftritte als Berliner Gauleiter, nur, um mit dem möglichst größten Auto, das er auftreiben konnte, vorfahren zu können.

Der Unterschied dieser Personen zu Hitler und Himmler ergibt sich nicht aus dem Verhältnis zum Luxus, sondern aus jenem zum Kapital. Ein besonders eindrucksvolles Beispiel lieferte hierzu Mommsen, der 1880 den christlichen Antisemiten keck den Spiegel vorhielt: Als Linker hatte er kein Problem, zuzugeben, dass es jüdische Wucherer gibt und gegen diese vorgegangen werden müsse – mit einem kleinen Seitenhieb auf das von den Rechten noch recht frisch durchgesetzte Sozialistengesetz, dass offiziell „Gesetz gegen die gemeingefährlichen Bestrebungen der Sozialdemokratie" hieß: „*Der jüdische Wucher ist kein Fabel; und hoffentlich wird das neue Wuchergesetz ihm soweit steuern, als überhaupt den verbrecherischen oder auch nur gemeingefährlichen Handlungen von Staatswegen gesteuert werden kann.*" Allerdings verwies Mommsen sogleich darauf, dass es auch Juden gibt, die diesen Wucher bekämpfen wollen, und als deren Verbündeter er sich betrachtete: „*Wenn der Jude wie der Judenfreund dies lebhaft wünschen,*" dann müssen auch die Christen dies gutheißen, ja es hinnehmen, dass auch Wucherer aus ihren Reihen derartig bestraft werden, oder wie Mommsen es formulierte: „*so wird hoffentlich auch der eifrige Antisemit nichts dagegen haben, wenn bei dieser Gelegenheit es auch einem christlichen Blutsauger schlecht geht.*" Wucherer finden sich also auch unter den Christen, Wucher ist kein Ausdruck der jüdischen Religion, was Mommsen so kurzerhand wie keck anhand der Bibel nachwies: „*Ferner wird es gut sein, sich zu erinnern, daß im Land Aegypten der Wucher keineswegs aufhörte, als König Pharao die Judenfrage in radicaler Weise gelöst hatte.*" (Mommsen: Auch ein Wort, S. 13) Mommsen hatte keine Scheu, Wucherer jeglicher Couleur zu verachten. Gerade deswegen war er auch nicht bereit, sich auf irgendwelche religiösen Befindlichkeiten oder Taktiererein einzulassen.

In dieser Form gestaltete sich auch das Verhältnis der übrigen genannten Personen zum Kapital. Lassalle mochte zwar gut wissen, wie man ein Vermögen durchbringt – seine Versuche, an welches zu gelangen, beschränkten sich jedoch auf kindlich-jugendliche Betrügereien sowie die Finanzierung durch seinen Vater und Sophie von Hatzfeldt. Der alte Engels war zwar, nach heutigem Geldwert, Millionär, hatte sich aber zunächst geweigert, im Unternehmen seines Vaters überhaupt tätig zu sein. Erst als ihn die Not nach dem Scheitern der 48er Revolution dazu zwang, ging er diesen Gang – allerdings nur als Angestellter. Die Gelegenheit, das Erbe seines Vaters als Industrieller anzutreten, schlug er nicht nur aus, sondern ließ sich seine Unternehmensanteile sogar unter Wert abkaufen, um mit der Firma brechen zu können. Sigmund Freud war links genug, um die Arbeiter-Zeitung zu lesen.

Am deutlichsten wird der Unterschied aber beim Vergleich mit Bebel und Goebbels: Ersterer scheute sich nicht, sich nach dem Tod seines Meisters abzuschuften – allerdings nicht zugunsten des eigenen Geldbeutels, sondern zum Wohlergehen der Witwe. Als junger Unternehmer zahlte er seinem Gesellen höheren Lohn als die Konkurrenz und mutete ihm zugleich weniger Arbeitszeit zu. Als er nicht zuletzt durch seine politische Tätigkeit in die wirtschaftliche Krise geriet, fand sich ein Geldgeber und Mitstreiter, der ihm Hilfe anbot und sich in die Materie einarbeitete. Bebel nahm an, zog sich infolge politischer Verfolgung ab 1884 aber zunehmend aus dem Geschäft zurück, denn: *„Ich glaubte meinem stets opferbereiten Associé gegenüber nicht mehr verantworten zu können, an dem mäßigen Nutzen eines Unternehmens teilzunehmen, für das er die Sorge und die Hauptarbeit zu tragen hatte. Außerdem wurde ich durch meine dauernde Entfernung von Leipzig dem inneren Gange des Geschäfts immer mehr entfremdet. So legte ich 1889 auch die Stelle des Reisenden nieder und widmete mich von jetzt ab ganz der Schriftstellerei, durch die ich in dauernde geschäftliche Beziehungen zu meinem Freunde Heinrich Dietz in Stuttgart kam."* (Bebel: Aus meinem Leben, S. 142)

Seinen Kompagnon finanziell ausbeuten, ohne entsprechende Gegenleistung zu bieten, war Bebel nicht bereit. Freilich kam ihm zugute, dass er als Schriftsteller vor allem mit dem Buch „Die Frau und der Sozialismus" einen Selbstläufer verfasst hatte. Aber auch das brachte Bebel Zeit seines Lebens nicht dazu, anderen seine Bücher aufzuzwingen, um so mehr Geld zu verdienen – im klaren Gegensatz zu Hitler, aber in ebenso klarem Einklang mit Goebbels. Der missbrauchte seine politische Stellung ebenfalls nicht, um aus seinen Romanen und Theaterstücken mehr Gewinn zu erzielen. Ein Ereignis macht dies besonders deutlich: Als die Familie Propagandaminister ein repräsentatives Anwesen in Berlin suchte, wurde sie zwar fündig, doch wollte sich Joseph nicht in die zu dessen Finanzierung notwendigen „*Geldsorgen*" (zitiert nach Reuth, S. 366) stürzen. Es war bezeichnenderweise Hitler, der daraufhin einen Deal mit dem Eher-Verlag aushandelte, indem er Goebbels' Tagebücher vergoldete – und Magda, die anschließend bei ihm anrief, um über eine Gehaltserhöhung zu verhandeln.

Wie steht es nun um den Umgang mit der Religiosität? Mommsen war die Religion derart zuwider, dass er sich nach seinem Vater „Jens" rufen ließ, um nicht „Theodor" – „Geschenk Gottes" – heißen zu müssen. Für den ebenso überzeugten Atheisten Sigmund Freud war Religion überhaupt nichts anderes als kindliches, beinahe krankhaftes Verhalten. Karl Marx gefiel bekanntlich die Umschreibung als „*Opium des Volkes*", und Bebel schrieb über seine Kindheit ganz offen: „*Religion, für die ich keinen Sinn hatte – und meine Mutter, eine aufgeklärte und freidenkende Frau, quälte uns zu Hause nicht damit –, lernte ich nur, weil ich mußte.*" (Bebel: Aus meinem Leben, S. 16) Später stellte er fest: „*Christentum und Sozialismus stehen sich gegenüber wie Feuer und Wasser.*" (Bebel: Christentum und Sozialismus, S. 16). Die schönste und für uns wichtigste Beschreibung seines Verhältnisses stammt jedoch von Ferdinand Lassalle, und zwar aus einem Brief an Sophie Sontzeff. Um ihn gleich von dem häufig zu findenden Vorurteil freizusprechen, er sei ein armer Jude gewesen, dem der böse Antisemit Marx übel mitgespielt habe, hier zunächst sein eigenes Urteil in dieser Frage: „*Ich liebe die Juden durchaus nicht, ja, im allgemei-*

nen verabscheue ich sie. Ich sehe in ihnen nur die sehr entarteten Söhne einer großen, aber längst entschwundenen Vergangenheit." (zitiert wie das Folgende nach Na'aman: Deutscher und Jude, S. 141-143)

Nun zum schönen und wichtigen Teil des Briefes: Worüber Lassalle eigentlich sprach, war die Frage, ob er für eine Hochzeit mit Sophie Sontzeff zum Christentum konvertieren würde. „*Vielleicht*" würde er es tun, wenn ihre Eltern es zur Bedingung machten. Was ihn davon abhielt, sei nicht die Meinung seiner Genossen, in deren Augen ein solcher Schritt „*als eine reine Formalität*" bewertet wurde. Was ihn tatsächlich abhielt, war „*ein übergroßes Rigorismus, ein Rigorismus, der in meiner Persönlichkeit begründet ist,*" denn: „*wenn ich auch innerlich ebensowenig Jude bin wie Sie, sogar noch weniger, wenn es möglich ist, so habe ich mich doch noch nicht von meiner Religion losgesagt, weil ich auch keine andere annehmen wollte. Ich kann wohl versichern, daß ich nicht mehr Jude bin, aber ohne Lüge kann ich auch nicht versichern, Christ geworden zu sein. [...] Wie soll ich es also mit dem christlichen Glauben machen, wenn, was jedermann weiß und ich auch nie verhehlen werde, ich ebensowenig von der christlichen wie von der jüdischen Religion im Herzen trage! Würde es nicht den Anschein haben, daß ich um äußerer Vorteile willen einem Vorurteile nachgebe?*" Solche „*Heuchelei*" verachtete Lassalle zutiefst, doch seine eigentliche Motivation für die ausbleibende Konvertierung war, dass er sich keiner Religion zugehörig fühlen konnte – Areligiosität in Reinkultur, die er in einer sozialistischen Umgebung ausleben konnte, die der Religion ohnehin keine Bedeutung mehr zumaß.

Und Goebbels? Der scheint im Vergleich dazu ein komischer Linker gewesen zu sein. So finden sich, als er begeistert die ersten Seiten seines Tagebuchs füllte, darunter auch „*Zehn Gebote für mich in dieser Zeit*" (17.10.1923). Nachdem Goebbels Hitlers „Mein Kampf" gelesen hatte,

18

stellte er sich ernsthaft die Frage: „*Wer ist dieser Mann? Halb Plebejer, halb Gott! Tatsächlich der Christus, oder nur der Johannes?*" (14.10.1925) Und auch sich selbst betrachtete er in biblischen Metaphern. In seinen drei autobiographischen Romanen ist Goebbels Heinrich Kämpfert, Michael Voormann und Judas Iscariot. Von diesen dreien scheint nur der erste nicht christlichen Ursprungs zu sein; zumindest ist anzunehmen, dass Heinrich Kämpfert, verfasst 1919, eine Anspielung auf Heinrich I. sein sollte. Es liegt nahe, dass Goebbels den Namen Michael Voormann parallel bildete. Das seltsame „Voormann" wäre demnach als Vorkämpfer zu verstehen, was „Michael" zu jenem Erzengel macht, der die himmlischen Heerscharen gegen den Satan ins Feld führt und als Schlafmützen-Michel zum deutschen Nationalheiligen aufstieg.

Doch es wird noch seltsamer: Als Goebbels dazu angeregt wird, sich mit Marx und Engels zu beschäftigen, ist er zwar hellauf begeistert, doch statt sich vom Christentum abzuwenden, wird ihm Gott dabei „*zunehmend zum Synonym für Brüderlichkeit, Gleichheit und Gerechtigkeit*", so sein Biograph Ralf Georg Reuth (S. 45).

Solche Stellen zeigen, dass der Propagandaminister nicht, wie teilweise behauptet wird, religiöse Metaphern für den Nationalsozialismus missbrauchte, sondern dass der sein Leben gänzlich in der Geisterwelt des Christentums verbrachte. Begriffe wie „*Glaube*", „*Gott*" und der „*Allmächtige*" sind bei ihm allgegenwärtig. Wieso fiel es Goebbels so schwer, sich hiervon zu lösen?

Wir kommen der Antwort näher, wenn wir uns seinen familiären Hintergrund betrachten. Die meisten der oben erwähnten Linken hatten das Glück, bereits in einem linken Haushalt aufzuwachsen, was ihnen das spätere Ausleben ihrer Areligiosität als Atheisten erleichterte. Das gilt beispielsweise für Sigmund Freud und Karl Marx, aber auch für August Bebel und „Jens" Mommsen, dessen Vater zwar aus ökonomischen Gründen Pfarrer geworden war, aber seinen Söhnen nicht nur eine humanistische Bildung abgedeihen, sondern sie auch an seinen Zweifeln am Christentum teilhaben ließ. Der elterliche Haushalt Ferdinand Lassalles ging bereits derart locker mit jüdischen Vorschriften um, dass Shlomo Na'aman hierin die Ursache für den verdorbenen Charakter seines Protagonisten erkennen wollte. Wie falsch diese Schlussfolgerung war, zeigt Max Weber d. J. Er wuchs in einem Haushalt auf, der vom Vater her links und von der Mutter her rechts geführt wurde. Eigentlich müsste man erwarten, dass der Sohn, sonst voller Bewunderung für die durch seinen Vater repräsentierten Nationalliberalen, sich langfristig auf die väterliche Seite geschlagen hätte. Doch weit gefehlt: Ihre Aversion gegen die Religion ware einer der wenigen Punkte, in denen Max Weber d. J. mit den Nationalliberalen brach und Partei für seine Mutter ergriff. In Freiburg sollte er sich später sogar gezielt mit jüdischen Studenten umgeben, um deren Form der Religiosität besser ergründen zu können und sie gleichzeitig gegenüber einer nur Christen akzeptierenden Universitätsverwaltung zu fördern. Da Weber unter seinen Ahnen die Kaufleute zudem höher schätzte als die Beamten, dürfte er tatsächlich rechts gewesen sein. Das linke Elternhaus hatte es Freud, Marx und Lassalle, Bebel und Mommsen also erleichtert, Atheisten zu werden, doch die Entscheidung, diesen Weg auch zu gehen, determinierte es nicht.

Goebbels hingegen wurde in den verstocktesten Katholikenhaushalt geboren, den man sich denken kann. Unter diesen Umständen war sein verkrüppelter Fuß die Eintrittskarte in die Hölle, denn er wurde ihm offenbar schon im Kindesalter als Gottesstrafe ausgelegt, die insbesondere die Mutter neben Arztbesuchen vor allem durch reichliches Beten und Kirchgänge, an denen der Sohn teilzunehmen hatte, zu heilen suchte.

Noch schlimmer allerdings war Vater Fritz. Als sein

Sohn Ende 1920 an Zukunftssorgen zu verzweifeln drohte, war – neben Geld – „*Gottvertrauen*" das Einzige, was jener ihm als Hilfe zu bieten hatte. Regelrecht pervers war seine Reaktion ein Jahr zuvor: Joseph schrieb nach Rheydt, er sei dabei, seinen Glauben zu verlieren, und bat, dafür nicht verstoßen zu werden; erneut zeigt sich, wie sehr der spätere Propagandaminister ganz privat in biblischen Bildern dachte, wenn er schrieb: „*Sage mir, daß Du mich nicht verfluchst als den verlorenen Sohn, der seine Eltern verließ und in die Irre ging!*" (zitiert, wie auch der folgende Brief, nach Reuth, S. 48 f.) Vater Fritz stellte dazu zunächst fest, dass Joseph seinen Glauben ja noch nicht ganz verloren habe und „*daß es nur Zweifel sind, die Dich quälen.*" So etwas sei bei jungen Leuten aber ganz natürlich, sogar gut, da doch „*die, die am meisten unter diesen Zweifeln leiden, bei weitem nicht die schlechtesten Christen sind. Auch hier kommt man nur durch Kampf zum Sieg. Dich dieserhalb von den Sakramenten fernzuhalten, ist ein großer Fehler, denn welcher Erwachsene könnte behaupten, stets mit dem kindlich-reinen Herzen zum Tisch des Herrn zu treten, wie er es bei der Ersten Heiligen Kommunion tat? Ich muß jetzt nun einige Fragen an Dich stellen, denn wenn unser Verhältnis die frühere Zutraulichkeit bekommen soll, die keiner mehr wünscht als ich, dann müßte ich diese Sache schon beantwortet haben. 1. Hast Du, oder beabsichtigst Du Bücher zu schreiben, die mir der katholischen Religion nicht zu vereinbaren sind? 2. Willst du vielleicht einen Beruf ergreifen, in den kein Katholik paßt? Ist dieses nicht der Fall, und Deine Zweifel anderer Art, dann sag' ich nur das Eine: bete Du, und ich bete auch, und unser Herrgott wird Dir helfen, daß alles gut geht.*"

Fritz stellte seinen Sohn also vor eine klare Wahl: Entweder Kadavergehorsam gegenüber dem Katholizismus oder Verstoß aus der Familie. Joseph sollte den Bruch mit seiner Familie nie vollziehen, doch für den Kadavergehorsam war er als Linker zu tolerant. Was Toleranz in seinem Fall freilich bedeutete, zeigt am besten der Tagebucheintrag vom 26.3.1925. Gemeinsam mit einigen Mitstreitern sprach Goebbels über „*Katholizismus und Protestantismus. Wir sind nicht einig geworden. [...] Ripke und Kaufmann meinten Jesuitismus und sagten Katholizismus.*" Das war eine typische Haltung deutscher Proetstanten, die Goebbels als guter Katholik jedoch ablehnte: „*Das ist unbedingt falsch. Wahrer Katholizismus ist dem Jesuitismus so feindlich wie irgend eine andere Macht. [...] Aber der Jesuitismus wird immer wieder versuchen, sich die essentia catholica für seine politischen Zwecke zunutze zu machen.*"

Wie aber sah Goebbels dann das Verhältnis zwischen Katholizismus und Protestantismus? „*Ich behaupte: Katholizismus ist Musik (Gefühl), Protestantismus Dichtung (Verstand und Selbstverantwortung). Beethoven und Mozart sind nicht zufällig Katholiken, Goethe und Schiller nicht zufällig Protestanten. [...] Es gibt ein katholisches Gefühl. Auch eine essentia catholica! [...] Definieren Sie Protestantismus kurz und klar: Luther! Hier stehe ich, ich kann nicht anders, Gott helfe mir, Amen!*"

Oder, kurz und knapp: „*Jeder große Deutsche ist Katholik in seinem Fühlen, Protestant in seinem Handeln.*"

Damit schält sich ein klares Bild heraus: Die in eine rechte Umgebung geborenen Rechten Hitler und Himmler entwickelten eine monoreligiöse Weltsicht, die keine Toleranz gegenüber anderen Formen der Religiosität kannte. Himmler wich hiervon nur insoweit ab, als seine „Untermenschen" Kulte pflegen durften, die sie in ihrem Selbstverständnis als „Untermenschen" bestätigten. Das war aber keine Toleranz gegenüber einer anderen Form von Religiosität, sondern lediglich das notwendige religiöse Pendant zu seiner „Herrenmenschen"-Religion, der er sich selbst zugehörig fühlte. Anders formuliert: Himmler akzeptierte eine „Untermenschen"-Religion nur, weil einerseits seine „Herrenmenschen"-Religion implizierte, dass nicht jeder Mensch „Herrenmensch" sein könne, und er als Rechter andererseits meinte, dass jeder Mensch – und damit auch der „Untermensch" – eine Form von Religion brauche.

Demgegenüber entwickelte der Linke Goebbels ein echt polyreligiöses Weltbild, in dem Katholizismus und Protestantismus eine gleichberechtigte Gemeinschaft eingingen. Dasselbe galt interessanterweise auch für Max Weber d. J., der als Rechter in einem linken Haushalt aufwuchs. Linke werden in einem linken Elternhaus dagegen zu Atheisten.

Wir können diese Erkenntnisse auch auf einer höheren Ebene anwenden: Eine Gesellschaft, die Polyreligiosität als links betrachtet, offenbart damit lediglich ihren rechten Charakter. So sehen wir in Bayern einen Ministerpräsidenten, der rechte Politik betreiben will, indem er Kruzifixe in sämtlichen Klassenzimmern aufhängen lässt, und katholische Geistliche, die, sich als linke Opposition verstehend, solche Monoreligiosität ablehnen.

Genau umgekehrt liegen die Verhältnisse in einer linken Hochburg wie Ostdeutschland. Hier würde ein kruzifixschwingender Politiker kaum zwei Dutzend Leute hinter sich vereinen können, weil Monoreligiosität kaum eine Rolle spielt. Die hiesigen Rechten haben sich mit ihrer Realität als polyreligiöse Minderheit weitgehend abgefunden. Gibt es doch einmal eine Demonstration, die mit der (a)religiösen Dimension des Links-Rechts-Gegensatzes im Zusammenhang steht, so steht der Schutz der Errungenschaften der Aufklärung im Mittelpunkt. Nicht die Durchsetzung von Monoreligiosität, sondern der Schutz der Freiheit von der Religion vor einer Stärkung des politischen Einflusses der Religiösen ist das Ziel.

Die Frage, ob eine solche Furcht begründet ist, wird unterschiedlich beantwortet, je nachdem, welche Fakten wie gewichtet werden. Dagegen spricht, dass es in allen Gesellschaften und damit auch in allen größeren Religionsgemeinschaften Linke und Rechte gibt, was zu einer natürlichen Vielfalt im Ausleben dieser Religion führt. Allerdings wird der Blick für diese Vielfalt nicht einfach erworben. Wer sich mit dem Christentum beschäftigt, der beschäftigt sich eben zunächst mit dessen Hauptmerkmalen und mit der Bibel als Text, nicht aber mit den Arten und Weisen, wie diese interpretiert und ausgelebt werden. Sich Wissen über eine Religion anzueignen, bedeutet also, sie von ihrer rechten, religiösen Seite her kennenzulernen. Hierzu trägt auch bei, dass Religionen prinzipiell von ihrer rechten Seite her präsentiert werden: Toleranz gegenüber einer Religion wird gelehrt, indem gesagt wird, welche Riten von deren Anhängern eingehalten werden sollen. Berühmte Anhänger einer Religion werden für ihre Religiosität geehrt. Anhänger einer Religion verweisen darauf, welche Riten sie einhalten.

Dass diese Riten in der Regel aber nicht in Stein gemeißelt sind, sondern ihre Einhaltung einem persönlichen Spielraum unterliegt, ist dagegen kaum Teil der Wissensvermittlung und prägt daher nur selten das allgemeine Bild einer Religion. Wenn überhaupt, wird dieses Bewusstsein allenfalls im direkten Kontakt mit linken Anhängern einer Religion vermittelt, und selbst dann oft nur auf Nachfrage. So präsentiert sich das Judentum über eine überbordende Zahl an rituellen Vorschriften und Festen, erklären seine Anhänger aber nur selten, dass lediglich ein geringer Teil davon wirklich ausgeführt werden muss. Luther ist selten derjenige, der den linken Europäern des frühen 16. Jahrhunderts eine Versöhnung mit dem Christentum ermöglichte, sondern häufiger derjenige, der den wahren Charakter christlicher Religiosität – also ein neues, auf der Grundlage seiner Lehren basierendes christliches Rechtssein – erkannt habe. Linke Muslime verweisen darauf, dass sie kein Schweinefleisch essen, nicht aber, dass sie nicht die geforderte Zahl von Gebeten Richtung Mekka senden.

Die meisten Atheisten würden über solche Ansichten

24

zwar immer noch den Kopf schütteln – wieso soll man sich sein Essen von etwas Irrationalem wie der Religion vorschreiben lassen? –, aber sie würden einem Juden oder Muslimen nicht verwehren, was sie jedem Vegetarier zugestehen. Um diese Sichtweise unter den Linken zu stärken, kann aber nicht mehr Religiosität im öffentlichen Raum das Ziel sein, denn diese würde sogar kontraproduktiv den Eindruck einer rechten Lesart der betreffenden Religion bestätigen. Stattdessen muss die Wissensvermittlung über die Spielräume innerhalb einer Religion intensiviert werden, denn andernfalls wird diese lediglich über ihren rechten Flügel wahrgenommen: Über jene Personen, die auf der Einhaltung möglichst vieler Vorschriften bestehen und diese auch gegenüber anderen durchsetzen wollen.

Doch wird die genannte Furcht nicht nur über eine unangemessene Wissensvermittlung, sondern auch über reale, handfeste Probleme und Diskriminierungen begründet. So wird die Freiheit von der Religion in der deutschen Politik wie in den Medien kaum beachtet. Muslime erhalten reichlich Raum, um über ihr Verhältnis zu Weihnachten zu reden, Pfarrer umgehen die Entscheidung ihrer Mitmenschen, in Freiheit vom Gottesdienst leben zu wollen, indem sie mehrmals täglich im Radio predigen, und alle paar Monate darf ein Theologe behaupten, dass der ostdeutsche Atheismus nur ein Ergebnis der SED-Indoktrination sei, von der man die Menschen doch eigentlich befreien müsse. Was soll man als Atheist davon halten?

Nun wäre nicht gegen alle diese Tendenzen etwas einzuwenden – auch der polyreligiöse Teil der Gesellschaft soll politisch wie medial vertreten sein, und warum dafür nicht einem Muslim, einem Juden oder einem Christen pro Woche ein paar Minuten Sendezeit einräumen? –, doch leben Politik und Medien in Deutschland eine offen rechte Weltsicht, wenn sie den Atheisten gar keinen Platz einräumen, sie zum sprachlosen Feindbild stilisieren. Kein Atheist darf in bundesdeutschen Medien darüber sprechen, wie er Weihnachten feiert. Kein atheistischer Philosoph oder Psychologe erhält im Radio einen festen Sendeplatz, um den Religiösen zu erklären, wie man auch ohne Religion zur Moral kommen kann. Und Menschen wie Lassalle werden in der Öffentlichkeit bis heute für das – nicht unbedingt vom! – Judentum vereinnahmt, anstatt ihren Wunsch zu achten, Atheisten zu sein. Das ist praktisch, denn so kann man davon ablenken, dass zahlreiche große Politiker und Denker auch ganz ohne DDR zum Atheismus gefunden haben – nichts Anderes beweisen ja die oben angebrachten Beispiele – und so den Aufbau eines atheistischen Selbstverständnisses verhindern. Insofern gleicht die heutige deutsche Öffentlichkeit derjenigen zur Zeit des Nationalsozialismus stärker, als es ihr bewusst ist: Alles, was sich in eine Religion quetschen lässt, wird auch in eine Religion gequetscht, und die Freiheit von der Religion zum Feindbild stilisiert. An ihrem rechten Charakter hat sich damit nichts geändert, nur an ihrer Stellung auf der Links-Rechts-Achse: Nicht mehr, wie unter Hitler und Adenauer, der rechte, religiöse Teil, sondern der tolerante, linke, wie ihn Goebbels repräsentierte, gilt heute als Ideal und Leitbild.

Sie dürfen nun jene Frage stellen, die Ihnen schon seit einigen Absätzen auf der Zunge liegt: Wieso war der katholisch erzogene Goebbels tolerant gegenüber dem Protestantismus, entwickelte aber einen unbändigen Hass gegen alles Jüdische? Und weshalb verband sich seine Toleranz derart eng mit seinem Deutschtum, eine Sichtweise, die sich unter westdeutschen Linke gerade nicht erhalten hat, dafür aber bei AfD-Wählern jeglicher politischer Herkunft wiederaufzuleben scheint? Es ist an der Zeit, sich mit Goebbels als Deutschem zu beschäftigen.

Der Deutsche

Thacker betont die enge Verbindung von Goebbels' Nationalismus mit der deutschen Kultur; darüber hinaus betrachtet er ihn aber als, an der Zeit gemessen, typisches Phänomen: *„Goebbels' passionate German nationalism can be clearly located in the context of the late Wilhelmine Empire, the First World War, and the 'bitter, evil time' which followed it. The bombastic fragility of Goebbels' nationalism, and its assertive sense of victimhood after 1919 were widely shared."* (S. 326).

Doch erklärt sich dieser Nationalismus wirklich erst aus der Regierungszeit Wilhelms II. und der Niederlage im Ersten Weltkrieg? Michael Jeismann hat das Wechselspiel aus Fremd- und Selbstwahrnehmung zwischen Deutschland und Frankreich im Zeitraum von 1792 bis 1918 untersucht. Er stellte auf deutscher Seite schon für die Zeit der Reichsgründung eine *„Verzerrung der historisch-politischen Optik"* fest. Diese *„erklärt sich daraus, dass man sich immer noch als potentielles Opfer Frankreichs oder der Diplomatie der anderen europäischen Mächte fühlte, während man tatsächlich für jede von ihnen schon eine potentielle Gefahr sein konnte, daß die geeinte deutsche Nation weniger bedroht wurde, sondern ihre Macht als Drohung empfunden werden mochte."* (S. 262). Einfacher formuliert: Das Gefühl, einer *„Welt von Feinden"* gegenüberstehen zu können, war bereits verbreitet, lange bevor Wilhelm II. die Deutschen mit diesem Schlagwort auf den Ersten Weltkrieg einstimmte, ja es bestand schon, noch ehe das Reich gegründet wurde. Kein Wunder also, dass Sozialdemokraten und Katholiken nicht erst zur Zeit Goebbels' allein schon aufgrund ihrer internationalen Ausrichtung als politisch unzuverlässig, ja als „Reichsfeinde" galten.

Allerdings war dieses tiefsitzende deutsche Misstrauen gegenüber internationaler Kooperation relativ, mitunter zur

Zeit des Kaiserreichs selbst eine offene Zusammenarbeit mit dem französischen „Erbfeind" möglich, so auf der Kongokonferenz 1884, als Berlin und Paris die britische Vormachtstellung in Afrika zu verhindern suchten, oder um die Jahrhundertwende, als sich beide Länder an einer gegen den chinesischen Boxeraufstand gerichteten, internationalen Militäraktion beteiligten. Wenig später, am 16.6.1903, erhielten die international orientierten Parteien SPD und Zentrum sogar erstmals die absolute Stimmenmehrheit bei einer Reichstagswahl. Und das war kein Ausrutscher: Über zwei Jahrzehnte – und damit deutlich über das Ende des Ersten Weltkriegs hinaus – sollte es dauern, ehe die national orientierten Parteien wieder mehr Wähler fanden als Sozialisten und politischer Katholizismus zusammen.

Den „*passionate German nationalism*" kann die Skepsis oder das Gefühl einer Opferrolle gegenüber dem Ausland allein also nicht ausgemacht haben. Das gilt erst recht für ein gerade unter Wilhelm II. an den Tag gelegtes Überlegenheitsgefühl. Auf einen zumindest ebenso wichtigen Aspekt des deutschen Nationalismus verweist uns jener Satz, den der Kaiser auf sein Schlagwort einer „*Welt von Feinden*" folgen ließ: „*Noch nie ward Deutschland überwunden, wenn es einig war.*" (Beide Zitate finden sich in der Nr. 367 der Neuen Preußischen Zeitung (Kreuz=Zeitung) vom 7.8.1914). Oder in der Form, die wie kein Zweites zum Symbol des Augusterlebnisses, der Hochstimmung im Deutschland der ersten Kriegswochen, geworden ist: „*Ich kenne keine Parteien mehr, ich kenne nur noch Deutsche!*" (Reichstagsprotokolle, S. 2)

Die diesen Worten zugrunde liegende Vorstellung hat in Deutschland eine beinahe magische Wirkung: Es ist die Beschwörung von Einheit und Einigkeit auf der einen sowie die Furcht vor der Uneinigkeit auf der anderen Seite. Beides erscheint zuweilen geradezu als roter Faden der deutschen Geschichte der letzten zwei Jahrhunderte. So meinte nicht

28

erst Goebbels: *„Jeder große Deutsche ist Katholik in seinem Fühlen, Protestant in seinem Handeln."* Schon Lassalle war überzeugt: *„Alle großen Literaten sind gewandert, keiner ist in seinem Geburtslande zu etwas gekommen. Dies lag teils in der Anlage: der erste Zug des besseren Deutschen ist ein Sträuben gegen die Enge des Geburtslandes. Sodann – konnte auch nur im Ausland das Talent sich entwickeln, von seiner Volksunmittelbarkeit sich losschälen und zu seiner höheren Allgemeinheit kommen. So Leibnitz, Klopstock, Goethe, Schiller, die Schlegel. Nur Kant macht eine Ausnahme."* (zitiert nach: Na'aman: Deutscher und Jude, S. 146 f.)

Partikularisten, also jene Personen, die die Bundesstaaten gegenüber der Zentralgewalt gestärkt sehen wollten, wurden von deutschen Nationalisten des 19. und frühen 20. Jahrhunderts folgerichtig ebenso verabscheut wie international orientierte Politiker. Dass „national gesinnte Wähler" gegen den „Reichsfeind" zusammenstehen und darüber „ihre kleinlichen Parteiinteressen" hintanstellen müssten, war eine nicht nur aufgrund des absoluten Mehrheitswahlrechts im Kaiserreich regelmäßig zu lesende Wahlkampfforderung. Und: Anders als die Skepsis gegenüber dem Ausland blieb der Gegensatz von Einheit und Partikularismus nicht auf den Nationalismus und die Weltsicht der Nationalisten beschränkt. Im Gegenteil: Die deutschen Sozialisten konnten sich zwar nie einigen, was sie unter Sozialismus verstehen wollten und wie dieser zu erreichen sei, aber dass die Einheit der „einigen, starken Partei" unter allen Umständen erhalten bleiben müsse, war eine vielbeschworene, aber nie infrage gestellte Selbstverständlichkeit. Als es dann doch über den Ersten Weltkrieg zur Spaltung kam – was in fast jedem anderen Land wohl eine Lappalie gewesen wäre –, wurden die „Spalter" – die naturgemäß nur die andere Seite sein konnten – zu „Verrätern". Die Idee der „Einheit der Arbeiterklasse" erhielt einen derart magischen Klang, dass ihrem Fehlen wurde sogar der Aufstieg Adolf Hitlers angelastet wurde, was die „Verräter" – also die jeweils anderen Sozialisten – zum Todfeind schlechthin werden ließ. An dieser Magie hat sich bis heute nichts geändert: Immer wieder wird die Idee aufgeworfen, ob sich SPD und Linkspartei nicht „wiedervereinigen" sollten. Noch zum 100. Jahrestag der Ermordung von Rosa Luxemburg und Karl Liebknecht mussten Andrea Nahles und Sahra Wagenknecht die Spaltung der Partei begründen. Dass diese auch Chancen bietet – solange sowohl SPD als auch Linkspartei die 5-%-Hürde überwinden, können linke Wähler entscheiden, welche Seite sie wie stark sehen wollen –, wird gerne übersehen.

Der Streit um die Einigkeit der deutschen Sozialisten zeigt, wie sehr die Beschwörung von Einheit und die Furcht vor Uneinigkeit Deutschland bis heute prägt. Nicht nur „in der Vielfalt" wird „Einheit" gefordert. Alle paar Monate debattieren Medien über die „Krise" oder die „Rückkehr der Volksparteien", die vor der „Parteienzersplitterung" schützen sollen, welche nur zu „Weimarer Verhältnissen" als dem Inbegriff der in die Katastrophe mündenden Uneinigkeit führe. Dem „Zusammenwachsen Europas" soll nicht widersprochen werden, „nationale Alleingänge" werden selten als Ausdruck von inhaltlicher Skepsis, sondern oft pauschal als „nationale Egoismen" betrachtet, „europäische Lösungen" bei jeder sich bietenden Gelegenheit gefordert. Aus „deutsch denken" (also im Sinne eines starken deutschen Nationalstaats denken) wurde „europäisch denken" (also im Sinne einer starken EU denken), wobei „euröpäisch denken" gleichzeitig die Überwindung wie die Fortsetzung von „deutsch denken" darstellt. Das zeitigt zuweilen unfreiwillig komische Ergebnisse: So kann in Deutschland der Föderalismus gelobt werden, weil Hitler ihn zugunsten eines deutschen Zentralstaats aufhob, gleichzeitig aber die „Europäische Einigung" als logische Fortsetzung der „Deutschen Einheit", die den „Partikularismus der vielen kleinen Fürstentümer" überwunden habe, gepriesen werden. Dass einem bei dem Gedanken auch mulmig werden kann, die Forderung nach europäischer Einheit könne dieselbe Sogwirkung entfalten wie die Föderalismusfeindschaft des Nationalsozialismus, wird geflissentlich übersehen. Stattdessen wird die Parole ausgegeben: „Europa ist die Antwort!", was vor allem dann überzeugend wirkt, wenn man gleichzeitig vor Politikern warnt, die auf alles eine einfache – und am besten überhaupt nur eine – Antwort haben.

Am Deutlichsten aber tritt das Spiel mit Einheit und Uneinigkeit bei einem anderen Lieblingsthema der deutschen Politik zutage: dem Beitritt der DDR zur BRD. Staatsrechtlich korrekt wäre die Bezeichnung „Beitritt zum Geltungsbereich des Grundgesetzes", doch medial wird fast ausschließlich der ans Völkerrecht angelehnte Begriff der „Wiedervereinigung" verwendet. Dass dabei doch schon „genug Zeit vergangen ist, um die Einheit endlich zu haben," wird seit 30 Jahren behauptet, wobei „Einheit" je nach Person gleiche Rente, gleiche Löhne oder die Aufgabe jeglichen ostdeutschen Sonderbewusstseins meint, denn die „Teilung" sei etwas Künstliches und müsse daher „überwunden" werden. Warum allerdings der ungewöhnliche Hang der Thüringer zur VitaCola die „Einheit" stärker bedrohen sollte als der ungewöhnliche Hang der Oberbayern zur Weißwurst, oder warum überhaupt etwas davon „überwunden" werde müsste, bleibt unklar. Die naheliegende Frage, welche „natürliche Einheit" vor 1933 denn bestanden haben soll, deren „Teilung" nun „überwunden" werden müsse – die Frage, ob man etwa die vor 1945 bestehende Einheit wiederhaben will, kann sinnvollerweise mit nein beantwortet werden –, wird in der Öffentlichkeit lieber gar nicht erst gestellt. Für den Historiker ist Deutschland ohnehin das vielfach gespaltene Land, dem eine Spaltungslinie mehr oder weniger nicht die „Einheit" nimmt. Einheitsgegner übrigens fangen nicht etwa an, den schönen Begriff von der „Einheit" negativ zu besetzen, sondern bezeichnen den Beitritt als „Anschluss", was ihn in die Nähe der von Hitler betriebenen Annexion Österreichs rückt.

Woher kommt diese deutsche „Lust" an der Einheit? Wieso verband sie sich zu Zeiten Goebbels' so intensiv mit dem Nationalstaat, und wieso heute mit der Europäischen Union? Um das zu verstehen, sollten wir uns mit der Haupt- und-Nebenwahl-Theorie von Karlheinz Reif und Hermann Schmitt beschäftigen. Sie wurde anhand abweichender Wahlbeteiligungsraten sowie den Erfolgsaussichten von Regierungs- und Oppositionsparteien anlässlich der Untersuchung der ersten direkten Wahlen des Europaparlaments entwickelt. Reif und Schmitt konnten damals zeigen, dass die Partizipationsbereitschaft der Bevölkerung an einer Wahl grundsätzlich von zwei Faktoren abhängt. Sie ist zum Einen umso höher, je mehr Einfluss die Wahlberechtigten durch ihre Stimmabgabe auf die Regierung zu nehmen meinen. Daher ist die Wahlbeteiligung bei Bundestagswahlen höher als bei den Wahlen zur Nationalversammlung in Frankreich, denn obwohl in beiden Fällen ein Parlament bestellt wird, wird dabei nur im deutschen Fall zugleich der größte Einfluss auf die Regierungsbildung genommen. Für die Wahlberechtigten in Frankreich sind diese entscheidenden Urnengänge hingegen die Präsidentschaftswahlen, sodass die Wahlbeteiligungsraten hier höher liegen als bei jenen zur Bestellung der Nationalversammlung (und zufällig etwa ebenso hoch wie bei den deutschen Bundestagswahlen).

Zum Anderen entscheidet die Systemebene über die Partizipationsbereitschaft. Dem Wahlberechtigten präsentiert sich das politische System demnach als ein Mehrebenensystem, in Deutschland beispielsweise bestehend aus Gemeinde, Kreis, Land, Nationalstaat und Europäischer Union. Diese Ebenen haben für ihn aber nicht alle denselben Wert, sie werden nach ihrer politischen Bedeutung gegliedert. So kann es sein, dass sich Personen eher an Gemeinderats- als an Landtagswahlen beteiligen, weil sie die kommunale Arbeit als wichtiger für sich betrachten als die Landespolitik. Umgekehrt kann es sein, dass eine Person zwar an Landtagswahlen teilnimmt, nicht aber an Gemeinderatswahlen, weil sie die Landespolitik zwar als relevant erachtet, die Zusammensetzung des dörflichen Gemeinderats aber für bedeutungslos. In der Regel ist es die nationale Ebene, der die größte Bedeutung zugemessen wird. Daher beteiligen sich für gewöhnlich mehr Menschen an einer Bundestags- als an einer Landtagswahl oder bei der Bestellung des Europaparlaments.

Die Haupt-und-Nebenwahl-Theorie ist für unsere Überlegungen deshalb von Interesse, weil sie einen Eindruck vermittelt, wie Menschen ihre verschiedenen Identitätsebenen (z. B. Greizer, Einwohner des Landkreises Greiz, Vogtländer, Thüringer, Ostdeutscher, Deutscher, Einwohner der Europäischen Union, Erdbewohner) in politischer Hinsicht gliedern. Sie stehen nicht gleichberechtigt nebeneinander, sondern eine von ihnen wird zur Hauptebene erklärt. Was aber geschieht, wenn mehrere dieser Ebenen, darunter sogar die Hauptebene, binnen kürzester Zeit zerstört wird? Ich denke, dass wir über diese Frage nicht zu spekulieren brauchen, sondern das Ergebnis im historischen Befund nachprüfen können, denn genau zu einem solchen Ereignis scheint es bei der Neuordnung Mitteleuropas zwischen 1771/92 und 1815 gekommen zu sein.

Den Anfang dieser Neuordnung machte die Aufteilung Polens zwischen 1771 und 1795 unter Preußen, Russland und dem Habsburgerreich. Nach dem Zwischenspiel des Herzogtums Warszawa bestand dieses Land ab 1815 für etwa ein Jahrhundert aus vier (später drei) getrennten, an die Teilungsmächte angeschlossenen Staaten, deren Unabhängigkeit respektive autonomer Status sukzessive abgebaut wurde, etwa so, als hätten die Siegermächte des Zweiten Weltkriegs den Grundsatz der Existenz des Völkerrechtssubjekts Deutschland aufgegeben und ihre jeweilige Besatzungszone Schritt für Schritt in das eigene Staatsgebiet inkorporiert.

Um 1800 erging es den Deutschen aber tatsächlich nur geringfügig besser als den Polen: Im Angesicht der militärischen Erfolge Napoléons I. zerfiel das Alte Reich, das als Herrschaftsverband auf fast ein Jahrtausend zurückblicken konnte, in vier Teile: den Südwesten des Habsburgerreiches, das auf seine Besitzungen östlich der Elbe beschränkte Preußen, ein immer größer werdendes französisches Annexionsgebiet im Westen sowie, dazwischen, der Rheinbund, für den Napoléon I. den Protektor gab und dessen Mitgliedsstaaten teils von Verwandten des Kaisers der Franzosen regiert wurden. Der Versuch, Deutschland auf dem Wiener Kongress wiederherzustellen, scheiterte am Widerstand Preußens und vor allem Österreichs, sodass die übrigen europäischen Mächte die Existenz des Deutschen Bundes ebenso absegneten wie den neuen Status Polens. Damit hatte sich, fügen wir diese Entwicklung in das von Reif und Schmitt entwickelte Modell ein, die internationale Ebene an der Vernichtung der nationalen Ebene in Mitteleuropa schuldig gemacht, freilich mit einem kleinen Unterschied: Polen war lediglich Opfer der antirevolutionären Allianz der 1790er Jahre, die auch nun auf seiner Teilung bestand, geworden, weshalb sich das polnische Misstrauen in internationale Politik vor allem gegen seine drei großen Nachbarn richtete. Unter Napoléon I. hatte sich sein Status durch die Schaffung des Herzogtums Warszawa als polnischer Rumpfstaat sogar leicht verbessert. Folgerichtig blieb hier das Vertrauen in den „Westen" hoch.

Im Gegensatz dazu wurden die Deutschen Opfer sowohl der auf dem Wiener Kongress gefassten Beschlüsse als auch jener napoleonischen Machtpolitik, die selbst auf ein internationales System aus Klientelstaaten setzte. Dass sie zu allem Überfluss auch noch Opfer ihrer eigenen Herrscher

34

wurden, verkomplizierte die Lage zusätzlich: Seit dem Reichsdeputationshauptschluss von 1803 bemühten sich die größeren deutschen Fürsten teils im Bündnis mit, teils in Feindschaft zum französischen Kaiser, ihr eigenes Territorium auf Kosten anderer deutscher Fürstentümer zu erweitern. Zum Verlust der nationalstaatlichen Ebene trat eine permanente Umordnung der regionalen. Die Folgen dieser Entwicklung sind teilweise bis heute spürbar, vergleichsweise harmlos im Ärger der Franken über ihre Zugehörigkeit zu Bayern, ernsthafter im Elbe-Elster-Kreis: Wie Juliane Stückrad zeigt, vermissen dessen Einwohner eine echte regionale Identität und regionalpolitische Zugehörigkeit, seit sie vor zwei Jahrhunderten von Sachsen an Preußen abgetreten wurden.

Selbstredend hatten nicht nur Berlin und Wien, sondern auch jene Herrscher, die von der Neuordnung und der Umwandlung der deutschen Glied- in unabhängige Staaten profitierten, wenig Interesse, die frisch gewonnene Macht gleich wieder an einen deutschen Nationalstaat abzugeben. Erneut im Unterschied zu Polen konnte damit nicht nur die internationale, sondern auch die regionale Ebene als Feind der verweigerten nationalen Ebene wahrgenommen werden, daher die Einheit im Innern, die Überwindung von Partikularismen als Voraussetzung zur Bewährung nach Außen erscheinen.

Naheliegenderweise lehnten oppositionelle Europäer nicht nur die neuen politischen Regime, sondern auch die von diesen geschaffenen Staaten ab und forderten die Wiederherstellung der vernichteten nationalen Ebene, wobei sie keine reine Rekonstruktion anstrebten, sondern die Wiederherstellung als einen Weg begriffen, ihre eigenen politischen Ziele durchzusetzen. Infolgedessen entstand die für die Mitte des 19. Jahrhunderts typische, enge Verbindung aus Opposition (Liberalismus) und einer Fokussierung auf die nationale Ebene (Nationalismus). Ihr gehörte zunächst durchaus die Zukunft, denn mit dem Ende des Ersten Weltkriegs verschwanden nach nur einem Jahrhundert die letzten Überreste der Wiener Ordnung und hatte sich die Wiederherstellung der nationalen Ebene weitgehend vollzogen.

Damit erreichte die Entwicklung jedoch zugleich ihren Scheitelpunkt, denn nun wurde das Fehlen einer internationalen Ebene, die der Koordination und der Kompromisssuche zwischen den Nationalstaaten hätte dienen könnte, schmerzlich vermisst. Infolgedessen kehrte sich die Weltsicht genau um: Jetzt war es die nationale Ebene, der mit wachsender Skepsis begegnet wurde, und die internationale, von der man zunehmend die Lösung aller Probleme erwartete. Speziell in Deutschland wandelte sich dabei auch die Sicht auf die regionale Ebene, die in der Bundesrepublik den Ruf eines Bollwerks gegen den Nationalismus erhielt.

Nimmt man jedoch die Geschichte Europas der letzten zwei Jahrhunderte als Ganzes in den Blick, erscheint diese jüngere Sichtweise als ebenso problematisch wie die ihr im 19. Jahrhundert vorangegangene. Stimmt es, dass der Mensch politisch in einem Mehrebenensystem denkt und eine dieser Ebenen zu seiner Hauptebene erklärt, so müsste eine langfristig ausgerichtete Politik alle politischen Ebenen im Blick haben: Regionale, nationale, internationale usw. Versucht sie, eine dieser Ebenen zugunsten einer anderen zu zerstören – wie dies Anfang des 19. Jahrhunderts der nationalen zugunsten der internationalen und zu Beginn des 20. Jahrhunderts der internationalen zugunsten der nationalen drohte –, bewirkt sie lediglich, dass ihre Gegner die Stärkung der bedrohten Ebene fordern und diese womöglich später selbst verherrlichen.

Ohnehin erscheint es realitätsfern, in der Frage der Bewertung verschiedener Identitätsebenen „Einheit" in einer Gesellschaft erreichen zu wollen. Wie oben schon erwähnt, waren selbst auf dem Höhepunkt der Nationalstaatlichkeit auf eine internationale Politik ausgerichtete Mehrheiten bei

Wahlen nicht ausgeschlossen. Das führt uns zurück zu der Frage, wieso ausgerechnet der katholisch erzogene Linke Joseph Goebbels ein so entschiedener Nationalist war.

Der Föderalismus, also die regionale staatliche Ebene, hatte im Deutschland des 19. und frühen 20. Jahrhunderts zwar einen generell schlechten Ruf, das galt aber nicht für jeden einzelnen Bundesstaat. So wurde noch in der Novemberrevolution von fast allen Parteien im kleinen Sachsen-Weimar-Eisenach betont, dass dieses Land als erster deutscher Staat 1815 eine eigene Verfassung erhalten hatte und damit auch jetzt eine Signalwirkung für Deutschland entsenden solle oder wenigstens nicht hinter der verfassungspolitischen Entwicklung zurückbleiben dürfe. Heute erinnern die Gründung der Ur-Burschenschaft in Jena und das Wartburgfest bei Eisenach 1817 als erste oppositionelle Regungen gegen die Ordnung des Wiener Kongresses an die damalige Fortschrittlichkeit. Eine ähnliche Wirkung hatte der lange Zeit zwischen Rhein und Iller praktizierte Liberalismus: Über Jahrzehnte einen tendenziell links-gemäßigten Kurs gefahren zu haben, schützte die dortigen Herrscher zwar nicht vor dem Sturz 1918, doch verdanken Württemberg und Baden dieser Entscheidung ihre große Bedeutung für die regionale Identität – bis heute.

Bei allen Problemen, die das kurzfristig mit sich brachte: Langfristig lohnte es sich für Staaten der regionalen Ebene, gegen den Strom zu schwimmen. In den ersten zwei Dritteln des 19. Jahrhunderts bedeutete das, linke Politik mit nationaler Orientierung zu verbinden, und kein Land war hierin erfolgreicher als Preußen. Nach dem Frieden von Tilsit 1807 begann Berlin, mit einem radikalen Programm alle Konkurrenten in Sachen linker Politik in den Schatten zu stellen, um für einen weiteren Krieg gegen Napoléon I. gewappnet zu sein. Mit dieser Entscheidung begründete Preussen seinen Ruf, die linke, reform- und national orientierte Kraft in Deutschland schlechthin zu sein. Dieser Ruf sollte für weit über ein Jahrhundert währen, obgleich schon mit der 1830er Revolution deutlich wurde, dass der große Staat im deutschen Norden diese Rolle nicht dauerhaft spielen würde. Zu Beginn der 1840er Jahre kippte die Stimmung sogar, als Friedrich Wilhelm IV. kurz nach seinem Herrschaftsantritt Verwaltung und Universitäten radikal von Linken säubern ließ. Damit war ein Wendepunkt erreicht: In den folgenden Jahren mehrten sich die Anzeichen für politische Unzufriedenheit, die in der gescheiterten Forderung des Vereinigten Landtags von 1847 nach einer Verfassung ihren Höhepunkt fand.

Preußen hätte seinen guten Ruf also durchaus rasch wieder verlieren können. Dass es das nicht tat, lag einerseits an Friedrich Wilhelm IV. selbst, der sich im Angesicht der Revolution von 1848 als schlauer erwies, als viele ihm zutrauten. Er manövrierte zwar erfolgreich die preußische Nationalversammlung in die Bedeutungslosigkeit, lehnte die Kaiserkrone ab und ließ seine Truppen die Aufstände der verbleibenden Revolutionäre niederschlagen; anschließend gab er seinem Land aber doch eine Verfassung und organisierte eine eigene nationale Politik, die sogar zur Einberufung eines neuen nationalen Parlaments nach Erfurt führte. Letztlich scheiterte der preußische König an Österreich, doch anderthalb Jahrzehnte später griff Otto von Bismarck seinen Ansatz wieder auf und kam den Linken weiter entgegen, als es Friedrich Wilhelm IV. seinerzeit getan hatte. Erst, als der Reichskanzler 1878 die Zusammenarbeit mit den Liberalen aufkündigte und auf einen rechten Kurs einschwenkte, drohte Preußens Ruf langfristigen Schaden zu nehmen.

Die enge Verbindung zwischen der schließlich erfolgten Wiederherstellung eines deutschen Staates auf der nationalen Ebene und Preußen hätte freilich auch so seine Probleme mit sich gebracht. Rechte Katholiken wie Fritz Goebbels mochten sich zwar zweifellos als Deutsche sehen, doch mit einem Staat, in dem die Protestanten die Mehrheit stellten und das einen kalvinistischen Kaiser hatte, konnten sie sich schwer identifizieren. Einem sozialistischen Republikaner wie August Bebel verging der preußische Patriotismus in Gerichtsverfahren und Festungshaft. Da machte auch die deutsche Zunge das politische System nicht schmackhaft. Folgerichtig unterscheidet die Geschichtsschreibung für das kaiserzeitliche Deutschland seit Karl Rohe und Jonathan Sperber zwischen drei in der Regel parteiübergreifenden Lagern: Zunächst einem katholischen oder Minderheitenlager, in dem sich die gegen den Nationalliberalismus gerichteten Rechten sammelten. Hierunter ist vor allem das Zentrum zu verstehen, dessen Anhänger neben der nationalstaatlichen Ebene auch in der Kategorie der Gemeinschaft der Katholiken dachten. Mit ihnen kooperierten in der Regel die Vertreter der verschiedenen ethnischen Minderheiten des Kaiserreichs. Sodann ein sozialistisches Lager, dessen Anhänger Marx sei dank einen länderübergreifenden Blick auf politische Probleme entwickelten. In beiden Lagern war damit der Zugang zur internationalen Ebene gegeben, was selbstredend nicht heißen muss, dass sich in ihren Reihen nicht auch stramme Nationalisten finden konnten.

Tendenziell war die positive Identifikation mit dem Deutschen Kaiserreich und damit eine besonders ausgeprägte Orientierung auf die nationale Ebene aber dem nationalen Lager vorbehalten. Dieses umfasste einen ganzen Blumenstrauß von Parteien, der von einem Großteil der Linksliberalen bis zum konservativen Protestanten reichte; schon diese Spanne zeigt, dass die Fixierung auf den Nationalstaat nicht zwangsläufig Kritiklosigkeit am gerade herrschenden politischen System bedeutete. So finden wir im nationalen Lager Leute wie Max Weber d. J., der stets als offener Kritiker Wilhelms II. auftrat und nach der Jahrhundertwende zu einem der wichtigsten Vordenker einer Demokratisierung Deutschlands wurde. Oder Personen wie Kurt Schumacher, der als Sohn eines Linksliberalen in der deutsch-polnischen

Grenzregion aufwuchs. Angeregt durch die politische Aktivität und systemkritische Haltung seines Vaters, ging Schumacher schon als Gymnasiast den nächsten Schritt, indem er sich dem rechten Flügel der Sozialdemokraten öffnete und diesem am Ende des Ersten Weltkriegs auch beitrat. Unter Hitler kam Schumacher ins Konzentrationslager; dennoch blieb er als der Sozialdemokrat mit dem unangenehm ausgeprägten Nationalismus in Erinnerung.

Zum nationalen Lager zählten aber auch Linke, die mit Preußen kooperierten, weil sie sich auf diese Weise Freiheit vom Druck ihrer katholischen Umgebung erhofften. Am Beginn dieser Entwicklung standen Personen wie der Trierer Rechtsanwalt Heinrich Marx, der unter Napoléon I. als Steuereintreiber für die Juden fungierte und anschließend zum Protestantismus übertrat, um nun im preußischen Staatsdienst wirken zu können. Das eröffnete Heinrich zwar keine Karriere, aber immerhin eine linke Politik; überliefert ist, dass der Vater von Karl Marx auch als preußischer Beamter, wenn er betrunken war, französische Revolutionslieder sang. Personen wie Joseph Goebbels standen an der Bahre dieser Verbindung. Die Frage, was sie an Hitler so sehr faszinierte, dass sie ihm trotz seiner Herkunft aus dem Habsburgerreich die Herrschaft über Preußen ermöglichten, soll uns im nächsten Kapitel beschäftigen.

Der Verehrer Hitlers

Bedenkt man es genau, war Goebbels eigentlich der totale Jude: Kleinwüchsig, braunäugig, dunkelhaarig – genauer: brünett, aber immerhin dunkler als blond – und schmächtig. Er verwies bei jeder Gelegenheit auf sein Bildungsniveau, sprach permanent von Religion, ohne religiös zu sein, war der geborene Marktschreier, der regelmäßig Leute zu ihrem Nachteil verführte, liebte den Luxus und wartete orientierungslos auf seinen Messias, dem er bis in den Tod zu folgen bereit war. Goebbels verfügte sogar über den fakultativen Satansfuß – wie wir sahen, war diese Vorstellung erschreckend wenig vom Weltbild seiner Eltern entfernt – und starb einen unter mittelalterlichen Juden leider nicht seltenen Tod: kollektiver Selbstmord angesichts einer ausweglosen Situation.

Demgegenüber war Ferdinand Lassalle das Ebenbild des Germanen selbst: groß – wäre er klein gewesen, hätte sich schon jemand darüber mokiert –, blond – genauer: dunkelblond, aber immerhin blonder als der größte Teil der NS-Führung – und blauäugig. So jedenfalls schildert ihn sein Biograph Paul Lindau unter Berufung auf einen Jugendfreund (Lassalle; Lindau, S. 28 f.). Doch weiter in der Klischeesammlung: Lassalle war der geborene Führer, der in der Niedergeschlagenheit nach dem Scheitern der 48er Revolution, selbst von seinen engsten Verbündeten missachtet, seinen Mann stand und als großer Visionär die Arbeiterbewegung samt ADAV aus der Wiege hob. Als wahrer Siegfried bekämpfte er allein und ohne zu wanken den preußischen Lindwurm, ehe er in einem Duell vom Lindenblatt der Eitelkeit in den Tod gerissen wurde.

Ich hoffe, diese Gegenüberstellung ist so absurd, dass sie keiner – und Sie als Leser verpflichte ich dazu! – ernst nehmen wird. Dass ich sie dennoch vornehme, hat zwei Gründe. Zum Einen regt der Vergleich der Mythen zu einem durchaus relevanten Vergleich der realen Personen an, denn Goebbels und Lassalle wiesen einige interessante Gemeinsamkeiten auf. Das mag überraschen, aber *„Das mag überraschen!"* war nicht umsonst der Lieblingsausruf Shlomo Na'amans, als er seine Biographie über den ADAV-Gründer verfasste. So waren Goebbels und Lassalle im Grunde die einzigen Nationalsozialisten der deutschen Geschichte, die dauerhafte Prominenz erlangten. Alle anderen berühmten Sozialisten waren bestenfalls nur kurzzeitig auch ausgeprägte Nationalisten, alle übrigen berühmten Nationalisten standen dem Sozialismus denkbar fern. Eine mögliche Erklärung dafür wurde bereits gegeben: Dass der Sozialismus als Oppositionsprogramm und die Regierung als offener Gegner einer von dieser Opposition positiv bewerteten nationalen Ebene betrachtet werden konnte, ist eine Kombination, die in Deutschland nur sehr selten gleichzeitig vorkam. Sie funktionierte zu Zeiten Lassalles, aber damals vertrauten die Linken noch mehrheitlich dem Liberalismus. Zu Zeiten Goebbels' funktionierte sie in Regionen mit besonders weit rechts stehender Bevölkerung, wo die Linken eine traditionell enge Bindung an Preußen und das von diesem dominierte Reich entwickelt hatten, nun aber vielfach in der Opposition standen. Indem die Bundesregierungen sowohl den Sozialismus als auch den Nationalismus für schädlich erklären, könnte sich nun eine dritte Gelegenheit ergeben.

Noch auffälliger ist, dass Goebbels und Lassalle auch die erfolgreichsten Hassredner darstellen, die Deutschland je hervorgebracht hat. Was im Falle des Ersteren als selbstverständlich gelten kann, muss bei Letzterem näher erläutert werden, eilt ihm doch der Ruf des unschuldigen, edlen Opfers voraus. Lindau, der 1891 Lassalles Jugendtagebuch veröffentlichte, wusste es besser. Er kam zu dem Fazit – und man beachte, dass er einen Jungen von 14 respektive 15 Jahren zitiert –: *„Es ist auch etwas durchaus Ungewöhnliches, daß ein Knabe in dem Alter so leidenschaftlich, so glühend* *haßt, wie Ferdinand Lassalle. Und mit dem Gefühl des Hasses empfindet er sogleich auch den herrischen Drang der Wiedervergeltung. Auge um Auge, Zahn um Zahn! Und er leistet fürchterliche Eide, daß er nicht ruhen, nicht rasten werde, bis er sich gerächt habe. In einem Zank mit seiner Schwester wirft er sich auf die Knie und schreit mit einem solchen Aufwande von Kraft, daß seine Stimme heiser wird: 'Gott, Gott, gieb, daß ich nie diese Stunde vergesse! Schlange mit Deinen Krokodilstränen, diese Stunde sollst Du bereuen! Bei Gott! ich schwöre es! Und lebt' ich fünfzig, und lebt' ich hundert Jahre, ich will sie auf dem Todtenbette nicht vergessen! Aber Du sollst es auch nicht.' (11. Januar.) [...] Von einem Mitschüler, der ihn schadenfroh ansieht, schreibt er: 'Dieser Blick hat auch in mir Haß gegen ihn entzündet, Haß, der, bei meinem Wort, lange währen soll, bis er sich gekühlt hat. Ich hasse außer ihm nur noch einen Menschen, und das ist T. (der frühere Bräutigam seiner Schwester). Aber bei Gott! dieser Haß wird ewig dauern! Tod ihm! Elend! Vernichtung werde ich bis zu meinem letzten Augenblicke ihm wünschen und, bei Gott! es nicht beim bloßen Wünschen bewenden lassen! Selbst Hand an's Werk gelegt!' Ja, er steigert diese Verwünschungen noch. [...] 'Den schrecklichsten Fluch über mich selbst, wenn ich ruhe, bis ich gerächt, fürchterlich gerächt habe an diesem Hund meine Schwester, meinen Vater! Wenn ich je daran vergesse, will ich verflucht sein, hier und dort. Wenn ich ihm die Leiden nicht zehnfach zurückerstatte, die er meinem Vater, meiner Schwester zugefügt, möge ich verbannt sein! Gott, du hörst es.' (8. März)*

Und mit dieser Wiedervergeltung spaßt er durchaus nicht. Er empfindet innige Schadenfreude, wenn es seinen Feinden schlecht ergeht. [...] Er jauchzt auf, als er einen Menschen krank geärgert hat. (1. März.)

Als ich diese leidenschaftlichen Stellen las, mußte ich lebhaft desselben Lassalle gedenken, wie ich ihn später,

1864, in Iserlohn auf der Rednerbühne vor den Tausenden der Arbeiter mit erhobener Rechten, mit flammenden Augen dastehen sah und mit fürchterlich donnernder Stimme ausrufen hörte: 'Das haben die Bourgeois der Fortschrittspartei für Euch Arbeiter gethan! Schwört mir, schwört, daß Ihr es ihnen gedenken wollt!' Der Mann aus dem Jahre 1864 und der Mann aus dem Jahre 1840, sie sind in Wahrheit ein und dasselbe Wesen." (Lassalle; Lindau, S. 25-28)

Lassalle war jedoch nicht nur als Alter Ego von Goebbels ein seltsamer Genosse; auf unheimliche Weise scheint er das 20. Jahrhundert um wenigstens 50 Jahre vorweggenommen zu haben. So urteilte Na'aman, die autoritären Züge von Lenins Partei neuen Typs seien in Wahrheit schon im Konzept des ADAV angelegt gewesen, ja die Vorstellungen Lenins und Lassalles sich sogar derart ähnlich, dass Marx im Vergleich zu beiden wie ein waschechter Liberaler wirke. Noch bedenklicher stimmt das Urteil Thilo Ramms: Überlege man, welche Partei am ehesten die politischen Vorstellungen Lassalles in die Tat umgesetzt habe, komme man eindeutig auf die NSDAP. Nun braucht Ramms Einschätzung in diesem Fall nicht ganz ernst genommen zu werden – einige Pläne, auf die er sich stützt, machte der ADAV-Gründer ,wie es scheint, in besoffenem Zustand –, dennoch besaß Lassalle offensichtlich ein besonderes Talent dafür, Vorstellungen zu entwickeln, die man einem *„Juden von der slawischen Grenze"* – so Friedrichs Engels – beim besten Willen nicht zutrauen würde.

Warum er es dennoch tat, lässt sich vielleicht aus dem zweiten Grund klären, warum der absurde Vergleich zwischen dem „Juden" Goebbels und dem „Germanen" Lassalle so interessant ist. Ich nehme an, dass Sie die obige Klischeesammlung als rassistisch wahrnahmen. Ob es Lassalle ebenfalls getan hätte, ist nicht sicher. Er lebte in einer Zeit, als es nur wenige Möglichkeiten gab, das Verhalten eines Menschen verständlich zu beschreiben. Zwar existierte seit der

Antike eine Säftelehre, nach der der ADAV-Gründer als Sanguiniker eingeordnet wurde, allein mit nur vier Kategorien war diese viel zu grob, um die Vielfalt der menschlichen Psyche zu erfassen. Sprachlosigkeit war daher oft das Ergebnis, wollte man psychische Phänomene beschreiben. So blieb Max Weber d. J. Nichts weiter übrig, als zu erklären, dass ihn regelmäßig „Dämoen" befielen. Und auch Goebbels kommentierte sein Verhalten in der Trennungskrise mit Anka Stalherm mit den Worten: *„Alles das mußte ich tuen, weil ein Dämon in mir mich dazu zwang."* (zitiert nach Reuth, S. 55)

Ein populärer Ausweg aus dieser Notlage bestand darin, Leute mit Personen zu vergleichen, deren Verhalten und Eigenschaften als allgemein bekannt gelten konnten. Das betraf in erster Linie biblische Geschichten sowie Gestalten der hellenisch-römischen Götterwelt, zuweilen auch Figuren aus der moderneren Literatur. So wurde der kriegerische Kurfürst Johann Georg III. von Sachsen zum „Sächsischen Mars", wortkarge Menschen hatten eine „schwere Zunge wie Moses", und auch der erklärte Antisemitismusgegner Lindau fühlte sich bei der obigen Einschätzung von Lassalles Hass an das Alte Testament erinnert: *„Mit der alttestamentarischen Wuth einer Deborah erhebt er sich und flucht [...] Man glaubt mitunter den Psalmisten zu hören, der die Vernichtung seiner Feinde inbrünstig erfleht."* (Lassalle; Lindau, S. 27). Mitunter lebt diese Methode bis in die Gegenwart fort. So bezeichnete noch Sigmund Freud ein spezielles Sohn-Mutter-Verhältnis als Ödipuskomplex, und wieso sich jemand wie die hellenische Sagenfigur Narkissos verhält – also ein Narziss ist –, beschäftigt bis heute die Psychologen, ohne dass sie einen neuen Namen für dieses Phänomen eingeführt hätten.

Eine weitere Möglichkeit bestand darin, bei bestimmten Bevölkerungsgruppen beobachtete – oder erwartete – Verhaltensweisen als Vergleichsobjekt zu benutzen. Wir nehmen das heute mehr noch als biblische Vergleiche als rassistisch war, doch diese abwertende Verwendung zunächst nicht zwangsläufig gegeben. Paul Lafargue beispielsweise verteidigte sein stürmisches Werben um Laura Marx mit seinem *„kreolische[n] Temperament"*. Vater Karl wollte das nicht gelten lassen und verlangte ein Verhalten, *„wie es dem Londoner Breitengrad entspricht,"* (MEW 31, S. 518) Schwarzhaut hin oder her. Dabei reizt der berühmte Trierer selbst bis heute zu ausgesprochen kreativen Vergleichen, die teilweise recht urigen Charakter annehmen und bewusst an diese frühere Praxis anknüpfen können. So gestaltet der Historiker Jonathan Sperber einen Höhepunkt jeder Marx-Biographie – nämlich den Beginn der Zusammenarbeit mit Engels – wie folgt: *„Man ist versucht, die enge Partnerschaft zwischen zwei so unterschiedlichen Persönlichkeiten verwunderlich zu finden: der eine hochgewachsen und hell, der andere klein und dunkel, der eine praktisch, geschäftig und mit einem Talent zum Geldverdienen gesegnet, der andere eher weltfremd, in der Sphäre der abstrakten Ideen unterwegs und in chronischem Finanznöten steckend; der eine Sohn eines Unternehmers, der andere Sohn eines Anwalts, der eine Protestant, der andere jüdischer Herkunft – oder wie es im rassistischen Jargon einer verflossenen Ära hieß: der eine von nordischem, der andere von semitischem Geblüt. Die Art und Weise, wie die beiden Männer, diese Gegensätze, diese scheinbar unvereinbaren persönlichen Eigenschaften auf den Nenner eines gemeinsamen Kampfzieles zu bringen verstanden, könnte man dialektisch nennen. Eine enge persönliche Freundschaft schweißt das Bündnis für die gemeinsame Sache zusammen. Marx und Engels wurden damit zum Damon und Pythias (oder zum Jonathan und David) des Kommunismus."* (Sperber: Marx, S. 146)

Sperber zieht bei seiner Beschreibung fast alle der eben erwähnten Register, und doch bezieht er sich ausdrücklich auf

Wilhelm Liebknecht und Paul Lafargue. Wer diesen Hintergrund begriffen hat, versteht auch besser, worauf Marx hinauswollte, als er über Lassalle schrieb: „*Nun, diese Verbindung von Judentum und Germanentum mit der negerhaften Grundsubstanz müssen ein sonderbares Produkt hervorbringen.*" (MEW 30, S. 257) Zu demselben Schluss kommt, wer sich mit Joseph Goebbels beschäftigt, nur dass uns dafür heute dank mehr als einem Jahrhundert moderner psychologischer Forschung in der Regel andere Begriffe – und Erklärungen – zur Verfügung stehen. Doch welche sind das eigentlich?

Ich werde mich im Folgenden auf die Persönlichkeitspsychologie beziehen, ein Bereich, der für Menschen, die unter Psychologie vor allem Schlussfolgerungen aus Freud'schen Sexualphantasien verstehen, zunächst etwas gewöhnungsbedürftig sein kann. Der Unterschied ist folgender: Über Freud sind wir es gewohnt, eine psychische Normalentwicklung anzunehmen, die jeder Mensch idealerweise von der Geburt bis zu seinem Alterstod zu durchlaufen hat. Abweichungen von dieser Normalentwicklung werden in der Regel negativ bewertet und im schlimmsten Fall als Krankheiten betrachtet.

Demgegenüber geht die Persönlichkeitspsychologie davon aus, dass sich der Mensch durch seine Position in einem Netz aus Persönlichkeitsmerkmalen definiert, die wiederum biologische Ursachen haben und daher bei starker Ausprägung zu einem charakteristischen Verhalten führen. So sind Personen beispielsweise in unterschiedlichem Maße gewissenhaft. Personen mit hoher Gewissenhaftigkeit weisen allgemein eine hohe Ordnungsliebe auf – sei es bei der Kleiderwahl, sei es bei den Arbeitsmethoden –, Personen mit geringer Gewissenhaftigkeit sind allgemein eher schludrig. Dabei ist zu bedenken, dass der Mensch ein Produkt aus Genen und der Anpassung an seine Umwelt ist, und das gilt auch für die Persönlichkeitsmerkmale: Untersuchungen zeigen, dass deren Ausprägung etwa zur Hälfte genetisch bedingt ist und etwa zur Hälfte durch den Lebensweg – also Erziehung, Erfahrungen und den Umgang damit – geformt wird. Vereinfacht gesagt heißt das, dass Eltern, Schule und allgemein die gesellschaftlichen Umgebung den Charakter eines Kindes zwar beeinflussen, aber einen gewissenhaften Menschen nie nie zum Schlendrian und einen schludrigen Menschen nie zum Ordnungsfanatiker erziehen können. Nach dem 30. Lebensjahr verändert sich die Ausprägung eines Persönlichkeitsmerkmals kaum noch.

Vor- und Nachteile beider Herangehensweisen für das allgemeine Verständnis von Psychologie liegen auf der Hand: Da kaum jemand sein ganzes Leben über eine definierte psychische Normalentwicklung durchläuft, lässt sich bei einer tiefenpsychologischen Untersuchung fast jeder Mensch in irgendeiner Weise als krank beschreiben. Infolgedessen werden in Biographien Fluten von Krankheiten diagnostiziert, die jenseits aller Bedeutung und Realität sind, wenn sie aus einer Mücke einen Elefanten machen. Im schlimmsten Falle werden unbedeutende Macken zu heilungsbedürftigen psychischen Störungen hochstilisiert, nicht, weil sie tatsächlich eine Krankheit darstellen, sondern weil sie lediglich einem zum psychischen Normal erhobenen gesellschaftlichen Ideal widersprechen. Jenseits historischer Darstellungen kann das traurige Konsequenzen haben; die vermeintliche Heilungsbedürftigkeit und -möglichkeit von Homosexualität ist hierfür ein Beispiel.

Während die Anwendung der Tiefenpsychologie also den Eindruck einer übermäßigen Verkrankung einer Gesellschaft herrufen kann, kann umgekehrt der ausschließliche Blick durch die Brille der Persönlichkeitsforschung zu einer Verharmlosung führen. Zahlreiche seltsame Verhaltensweisen erscheinen nun lediglich als Ausdruck einer extremen Persönlichkeit, bleiben aber mittels der Kombination verschiedener Persönlichkeitsmerkmale erklärbar und erscheinen daher nicht krankhaft, sondern innerhalb der Spannbreite des menschlichen Seins. Wenn beispielsweise der Soldatenkönig Friedrich Wilhelm I. seine Tochter Wilhelmine bewusstlos prügelte, weil sie vom Fluchtplan ihres Bruders, des späteren Friedrich II., wusste, so lässt sich dieses Verhalten mit einer Kombination von ausgeprägter Extraversion und Gewissenhaftigkeit sowie geringer Verträglichkeit beschreiben. Psychisch krank war Friedrich Wilhelm I. aus dieser Perspektive also nicht, gleichwohl aber ein Fall für den Psychiater. Schließlich können auch nichtpsychische Krankheiten einen Einfluss auf das Verhalten haben; im Falle des Soldatenkönigs verstärkte eine Porphyrie den Hang zu Wutanfällen. Sie als Leser haben diese Probleme stets im Hinterkopf zu behalten.

Innerhalb der Persönlichkeitspsychologie kursieren nun unterschiedliche Modelle, welche Persönlichkeitsmerkmale anzunehmen sind. Als sicher gilt die erstmals 1921 von Carl Gustav Jung getroffene Unterscheidung zwischen Intro- und Extraversion. In dem seitdem verstrichenen Jahrhundert hat sich ein Fünf-Faktoren-Modell am besten bewährt, welches zusätzlich die Kategorien Gewissenhaftigkeit, Verträglichkeit, Offenheit und Neurotizismus umfasst. Es soll auch die Grundlage dieser Untersuchung bilden. Bevor ich es jedoch auf Goebbels anwende, muss ich Sie noch auf drei Fehlerquellen bei einer persönlichkeitspsychologischen Analyse hinweisen.

Erstens führt zwar ein ausgeprägtes Persönlichkeitsmerkmal zu einem charakteristischen Verhalten, aber viele Verhaltensweisen können unterschiedliche Ursachen haben. So vermeiden introvertierte Menschen offene Konflikte in der direkten Umgebung ebenso gerne wie verträgliche, kleinteiliges Arbeiten kann ebenso Ausdruck einer starken Gewissenhaftigkeit wie auch introvertierter Pedanterie sein. Das ist auch der Grund, warum sich so viele Menschen als perfektionistisch betrachten.

Zweitens kann sich ein bestimmtes Verhalten auch aus der Kombination verschiedener Persönlichkeitsmerkmale ergeben. Ich wies oben bereits darauf hin, dass die Prügelorgie Friedrich Wilhelms I. auf drei extreme Ausprägungen zurückzuführen ist: Extraversion, Gewissenhaftigkeit und eine ausgesprochen niedrige Verträglichkeit. Wäre nur einer dieser Werte gemäßigter gewesen, hätten die Ereignisse um den Fluchtversuch seines Sohnes vermutlich zu einem anderen Verhalten geführt.

Drittens müssen wir uns daran erinnern, dass die Persönlichkeitsmerkmale biologisch bedingt sind und auf ein spezialisiertes Gehirn hinweisen. Bei introvertierten Menschen beispielsweise sind jene Hirnareale besonders leistungsstark, die zum Nachdenken zuständig sind, bei extravertierten jene, die der Kommunikation mit der Umwelt dienen. Diese Stärke geht jedoch auf Kosten des jeweils anderen Bereichs: Introvertierte sind also besonders schnell erschöpft, wenn sie mit ihrer Umwelt interagieren sollen, Extravertierte sind nur begrenzte Zeit zum Grübeln fähig. Das heißt aber nicht, dass diese Hirnareale tot sind. Ein Introvertierter kann durchaus eine anderthalbstündige Vorlesung halten, ein Extravertierter ein Buch lesen, der Schlumpi sich ordentlich zum Ausgehen kleiden und der Ordnungsfanatiker ein Auge zudrücken, nur halten sie das nicht lange durch.

Infolgedessen darf sich der Historiker, wenn er eine Persönlichkeitsanalyse vornimmt, nicht zu voreiligen Schlüssen hinreißen lassen. Er muss sich schon genauer mit einer Person beschäftigen, die verschiedenen möglichen Ursachen für ihr Verhalten gegeneinander abwägen und schließlich die wenigen relativ eindeutigen Hinweise (er)-kennen lernen, die auf ein bestimmtes Persönlichkeitsmerkmal hindeuten, ehe er zu einem Ergebnis kommen darf. Das gilt auch für Sie als Leser, zumal es wie bei allem in der Biologie auch Ausgeglichenes gibt, Menschen also, bei denen die für Nachdenken und Reden zuständigen Hirnareale jeweils durchschnittlich leistungsfähig sind. Und das sind nicht wenige. So zeigen Untersuchungen, dass der Anteil jener Individuen, deren Verhalten introversionstypisch ist, unter Wirbeltieren bei 20 % liegt, seien es nun Menschen, Feuersalamander oder Fische. Stabiler kann ein Wert biologisch kaum sein. Untersuchungen Jerry Kagans weisen zudem darauf hin, dass sich die übrige Menschheit etwa zur Hälfte in Personen mit erkennbarer Extraversion und Ausgeglichene – Ambivertierte – teilt. Über den Daumen gepeilt weist also fast jeder zweite Mensch beim wichtigsten Persönlichkeitsmerkmal keine besondere Ausprägung auf, und auch mit diesem Resultat müssen Sie rechnen. Im Zweifelsfall ist es daher besser, kein Ergebnis anzugeben als ein falsches.

Bei Goebbels wird das allerdings nur in einem Punkt der Fall sein, denn er zählte zu jenen Menschen mit einer sehr ausgeprägten Persönlichkeit. Am auffälligsten sind dabei die hohen Extraversionswerte. Was steckt dahinter?

Wie bereits angeführt, sind bei Extravertierten jene Hirnareale überdurchschnittlich aktiv und leistungsfähig, die der Interaktion mit der Umwelt dienen. Sie können also besonders schnell besonders viele Informationen aufnehmen und besonders effizient auch wieder von sich geben. Extravertierte beeindrucken daher mit ihrer Fähigkeit, Dinge wie Akten durchzuarbeiten und die darin enthaltenen Daten anschließend wiederzugeben. Sie haben auch ein ausgeprägtes Gespür für die aktuelle Stimmung der Menschen in ihrer Umgebung und können diese daher gezielt beeinflussen. Das macht Extravertierte zu geborenen Marktschreiern, aufpeitschenden Rednern und, wenn man beides im politischen Zusammenhang vereint, idealen Propagandisten. Goebbels stieg nicht ohne Grund rasch zum Star der Berliner Nationalsozialisten auf.

Diesen Stärken steht aber eine Reihe von Nachteilen gegenüber. So wollen Hirnareale, die besonders aktiv sind, auch besonders intensiv bespielt werden, andernfalls fühlt man sich unterfordert. Für Extravertierte bedeutet das, dass sie reizarme Umgebungen auf die Dauer schlecht vertragen; sie drängen daher nach Orten mit vielen Leuten und vielen Sinneseindrücken, also Partys, Diskotheken, Konzerten oder Fußballstadien. Was aber, wenn das nicht reicht? Goebbels veranstaltete beispielsweise ebenso wie Hitler regelmäßig einen kleinen Kreis von Abendgesellschaften. Doch während es dem Österreicher schon genügte, dass die Teilnehmer gelangweilt seine Monologe über sich ergehen ließen, stellte der Propagandaminister seinen Zuhörern ohne Vorwarnung provokante Fragen.

Was Goebbels hier anwandte, ist eine der Methoden, mit denen gelangweilte Extravertierte für Sinneseindrücke sorgen: Sie inszenieren einen Konflikt, der ihre Umgebung zur Tätigkeit zwingt. Das ist ein gefährliches Spiel, wenn es im Großen angewandt wird: So hatte Goebbels seine helle Freude daran, die SA regelmäßig in Straßenschlachten zu werfen, weil er es als Extravertierter liebte, Konflikte auszutragen und sie gewaltsam zu lösen. Das Ganze ist ein Teufelskreis: Da Extravertierte Personen, mit denen sie beim Austragen von Konflikten auf derselben Seite stehen, besonders schnell mögen lernen, verschaffen ihnen Konflikte und deren gewaltsame Lösung nicht nur ein Ende der Langeweile, sondern auch eine Runde, in der sie die ersehnte Geselligkeit ausleben können. Versuche, Konflikte anders zu lösen, verachten sie. Für Goebbels war das eine prägende Kindheitserinnerung: Als sich seine Fußbehinderung Bahn brach, ging er selbstverständlich davon aus, dass er ein Krüppel sei, mit dem niemand spielen wollte, weil man jemanden, der sich nicht extravertiert verhalten kann, ja nicht mögen könne. Dass seine Mutter ihn wider Erwarten trotzdem noch liebte, führte zu Anflügen von Verachtung, und das Gefühl, von der Gesellschaft ausgeschlossen zu sein, machte ihm das Alleinsein erst zur quälenden Einsamkeit.

So jedenfalls schilderte er es im Michael Voormann.

Doch es gibt noch andere Wege für Extravertierte, um ihren Bedarf an Sinneseindrücken zu decken. Orts- und Kleiderwechsel zum Beispiel. Der schon zitierte Wilhelm II., aus dessen berüchtigt aggressiven, aus dem Stegreif gesprochenen Reden ich schon zitierte, wurde von seinen Untertanen nicht umsonst als Reisekaiser bezeichnet. Da sich die meisten Extravertierten einen solchen Lebenswandel aber nicht leisten können, drehen sie bei Stille heute das Radio auf, früher griffen sie zu Drogen. Die alte Quasselstrippe Friedrich Engels las in seiner Lehrzeit Bücher am liebsten, indem er gleichzeitig Bier trank oder eine Zigarre schmauchte. Lassalle war mit 14 Jahren ein passionierter Spieler, der Gewinne und Verluste genauestens in seinem Tagebuch verzeichnete. In der Schule ließ er sich eher selten blicken, Unterschriften unter seine miserablen Noten fälschte er kurzerhand. Bei Goebbels waren es Zigaretten; über das Studium wurde er zum Kettenraucher. „*Um dem inneren Dämon etwas zu geben*", meinte er in einem trübsinnigen Moment am 6.3.1925 selbst. „*'Zur Wiederherstellung des seelischen Gleichgewichts', pflegte Anka Stalherm zu sagen*", erinnerte er sich gleich darauf der Worte seiner ehemaligen Freundin. Das vor allem vom Grübeln geprägte geisteswissenschaftliche Studium lag ihm nicht, es sei denn in jenen Stunden, in denen er mit seinem besten Freund die Veranstaltungen eines katholischen Vereins namens Unitas Sigfridia in wilde Feste verwandeln konnte. Dennoch hatte Goebbels in seiner Jugend Unmengen an Büchern – selbst trockenste Lexika – verschlungen und sollte es immerhin bis zum Doktor, obgleich ohne überzeugende Leistung, aber immerhin, bringen. Wie gelang ihm das?

Goebbels profitierte und litt an einer weiteren Besonderheit extravertierter Gehirne. Sie sind ausgesprochen effizient darin, Glückshormone zu produzieren und zu rezipieren, das heißt, Extravertierte empfinden Glück tendenziell intensiver und häufiger als andere Menschen. Der dabei erzielte Rausch kann ein solches Ausmaß annehmen, dass ihre Gehirne auch schon mit Drogenlaboren verglichen wurden. Allerdings vermögen sich Extravertierte den Schuss nicht selbst zu setzen. Sofern Glücksgefühle im menschlichen Körper an das Belohnungssystem gebunden sind, bedarf ihre Ausschüttung zuvor einer Leistung und eines äußeren Reizes wie Lob und Anerkennung, um ihnen einen Trip zu ermöglichen.

Der junge Goebbels litt also doppelt unter seiner Gehbehinderung: Sie hinderte ihn einerseits daran, seinen Bedarf an Geselligkeit zu decken, zugleich verwehrte sie ihm Situationen, in denen sein Gehirn die begehrten Glückshormone ausschüttete. Das änderte sich, als er auf dem Inbegriff des Nichts-tun-könnens – nämlich im Krankenbett – Märchenbücher geliehen bekam. Die waren nun ohne Zweifel Abwechslung – und bald zeigte sich, dass der Junge durch Lesen Wissen erwerben konnte, was ihm in der Schule Anerkennung und ein Stück weit auch Geselligkeit brachte, wenn ihn Klassenkameraden um Hilfe baten. Das setzte freilich einen ausreichenden Wissensschatz voraus, sodass der jugendliche Goebbels einen bemerkenswerten Ehrgeiz an den Tag legte, um in allen Fächern der Beste zu sein.

In der Literatur wird dieses Verhalten als selbstverständliche Reaktion auf seine Behinderung und dadurch entstandene Minderwertigkeitsgefühle verstanden. Doch dass das ganz und gar nicht selbstverständlich war, zeigt der Vergleich mit Rosa Luxemburg, die Luise Kautsky ihre Introversion 1917 nach mehreren Monaten der Haft wie folgt beschrieb: *„Weißt Du, welcher Gedanke mich verfolgt und ängstigt? Ich stelle mir vor, daß ich wieder in einen überfüllten Riesensaal muß, daß auf mich das grelle Licht, das Stimmengewirr der Menge eindringen und mich der übliche tosende Beifall empfängt und begleitet, während ich mich zum Podium durchdränge – ich habe das Gefühl, daß ich plötz-*

lich ausreißen werde! Ich habe den horror pleni und mich
drückt schon die Aussicht nieder, mit fünf oder sechs Freun-
den zusammenzusitzen und vielleicht lautes Lachen hören zu
müssen." (Kautsky, S. 181)

Auch Luxemburg war gehbehindert, auch sie galt als wissbegierig und intelligent. Auch Luxemburg versuchte, ihre Behinderung zu kompensieren, allerdings über ein Sportprogramm und nicht durch das Streben nach Anerkennung. Im Gegensatz dazu ist es geradezu bezeichnend, dass Goebbels Zeit seines Lebens kein Sportler war; hier hätte der Junge, der sich so sehr darüber ärgerte, nicht mehr wie die andere herumtoben zu können, nämlich beim besten Willen keine Anerkennung erhalten und damit sein körpereigenes Belohnungssystem in Aktivität versetzen können.

Ob Goebbels durch seine Jugend aber einen ungewöhnlichen Bedarf an Belohnungen entwickelte, ist unklar, denn seine ausgeprägte Belohnungssensitivität wird aufgrund der starken Empfänglichkeit für Glückshormone unter Persönlichkeitspsychologen generell als Merkmal einer Extraversion gehandelt. Dass seine Biographen überhaupt so gerne darüber schreiben, liegt vor allem an der guten Quellenlage: Wir wissen bei Goebbels eben, was er alles tat, um Glücksgefühle zu erzeugen; so verwandelte der Gauleiter in seinem Tagebuch selbst kleinste Erfolge in große Siege um und berauschte sich der Propagandaminister nach Reden an einem Presselob, das er zuvor selbst angeordnet hatte. Auffällig ist allenfalls die große Nähe, die Goebbels zu jenen Personen suchte, die ihm eine Aktivierung des Belohnungssystems ermöglichten. Adolf Hitler war unter ihnen die letzte und wichtigste.

Der Österreicher fungierte also nicht als Goebbels' Prophet – es sei daran erinnert, dass er einen solchen als Linker gar nicht benötigte –, sondern als sein Drogendealer. Und der Propagandaminister war durchaus nicht immer der profitierende Teil dieser Beziehung. Keine Goebbels-Biographie kommt ohne den Hinweis auf ein seltsames, stets wiederkehrendes Ritual aus: Ihr Protagonist erkennt „Fehlentwicklungen" und nimmt sich ganz fest vor, diese Hitler beim nächsten Treffen mitzuteilen. Das tut er denn auch. Doch anschließend erklärt der Österreicher seine Sicht der Dinge, stellt seinem Partner eine Belohnung in Aussicht, und ein überglücklicher Goebbels notiert in seinem Tagebuch, er fühle sich bestärkt, zuweilen auch gestärkt, mitunter sogar im Drogenrausch, und habe wieder unerschütterliches Vertrauen in seinen Führer. Dank Experimenten können wir heute nachvollziehen, was damals geschah: Weil die Gehirne von Extravertierten so stark von Reizen aus der Umwelt abhängig sind, sind sie auch besonders anfällig für Ablenkungen. Hitler musste mit Goebbels also nur umgehen wie mit einem nervigen Versicherungsvertreter: Zunächst das Geplapper des Marktschreiers über sich ergehen lassen, dann das Gespräch in die gewünschte Richtung (ab)lenken und abschließend zeigen, welch große Belohnungen der eigene Weg verspräche. Pech für den Propagandaminister, Glück für die Welt: Häufig genug wollte Goebbels eine brutalere Kriegsführung, was Hitler ablehnte. Im Vergleich zu Extravertierten in seiner Umgebung hatte zuweilen selbst er gemäßigte Ansichten. Das mag überraschen, aber das tat es ja auch schon bei Lassalle.

Doch Hitler war nicht nur Goebbels' Drogendealer, mindestens ebenso sehr war er eben auch sein Führer. Und der Mann aus Rheydt ging freiwillig in diese Beziehung, denn wie die meisten Extravertierten liebte er es, sich unterzuordnen. Das wird ihnen freilich gar nicht zugetraut. Unter einem Extravertierten stellt man sich ja gerade jemanden vor, der auf jede Party eilt und sich dort in den Mittelpunkt drängt. Dort bekommt er seine Abwechslung, seine Geselligkeit, seinen Rausch; im Zentrum der Masse stehend, alle Blicke auf sich gerichtet und mit allen kommunizierend, von allen gelobt und mit Alkohol im Blut ist sein Gehirn in bester Auslastung und die Glückshormonproduktion in Höchstleistung. Daher zeigten Engels, Lassalle und Goebbels auch einen für Linke auffälligen Hang zum Luxus, gerade und vor allem beim Feiern. Daher auch sollten Nationalsozialisten in ihrer Freizeit „Kraft durch Freude" tanken, denn auf diese Weise erholen sich Extravertierte am besten. Wir werden später sehen, warum dieser Zusammenhang von Bedeutung ist.

Vorerst ist es wichtiger, zu verstehen, welche Nachteile es mit sich bringt, dass jene Hirnareale besonders leistungsschwach sind, die dem Nachdenken dienen: Extravertierte können zwar in beeindruckendem Maße und mit ebensolcher Geschwindigkeit Informationen aufnehmen und wiedergeben, sind aber kaum in der Lage, daraus selbst neue Erkenntnisse zu gewinnen. Sie sind, wie Julius Kuhl es so schön formuliert, handlungsorientiert: Ihr Denken ist stets darauf ausgerichtet, was als nächstes getan werden soll, kann aber kaum Konzepte entwickeln, denen diese Taten dienen sollen. Die Folge sind bei Politikern unberechenbare Reden (Wilhelm II.), plötzliche und grundlose Kurswechsel (Stalin) sowie eine generelle Was-interessiert-mich-mein-Geschwätz-von-gestern-Haltung (Konrad Adenauer). Reflektierendes Denken liegt Extravertierten nicht, mitunter scheinen sie, wie Goebbels, dazu geradezu unfähig.

Was also tun, wenn man Konzepte braucht, aber keine eigenen entwickeln kann? Nun, man übernimmt einfach diejenigen eines anderen. So tat es Engels mit Marx und Lassalle mit Hegel (sowie Marx und Fichte), und deshalb wartete Dr. Paul Joseph Goebbels noch in einem Alter auf seinen Messias, in dem die introvertierte Rosa Luxemburg bereits durch ihre eigenen Ideen auffiel. Die ausgewählte Person wird dann gerne als das Genie schlechthin betrachtet, und zwar aus zwei Gründen: Zum Einen will der Extravertierte schon selbst im Zentrum des Lobes stehen; sich jemandem unterzuordnen erfordert für diesen also eine ganz spezielle

Kategorie. In einer Mischung aus Unterordnung und Handlungsorientierung sieht der Extravertierte seine eigene Funktion in der Umsetzung und Vermarktung der genialen Ideen, seine eigene Rolle definiert er als die eines Oberbefehlshabers, dem Anerkennung und Gehorsam der übrigen Anhängerschaft zustehen. Zur Selbst- und Fremddefinition werden dann gerne militärische Ränge oder große Hunde gewählt: General (Engels), Generalissimus (Stalin), Paladin (diverse Personen im Umkreis Hitlers), Bulldogge (Thomas Henry Huxley bei der Verbreitung der Ideen von Charles Darwin), erster Diener des Staates (Friedrichs II. Verständnis über die Rolle des aufgeklärten Herrschers).

Dieser Hang zu militärischen Beschreibungen ist natürlich kein Zufall, denn das Militär ist die Welt der Extraversion schlechthin: Es bietet Geselligkeit, Konflikte und die gemeinsame Austragung dieser Konflikte durch Gewalt. Der Soldat muss zudem kaum eigene Ideen entwickeln, sondern kann sich darauf beschränken, handlungsorientiert Befehle umzusetzen. Im Gegenzug winkt ihm ein weites Feld an Belohnungen, bestehend aus Orden und Beförderungen, die ihm nicht nur kurzzeitiges Lob einbringen, sondern sein Ansehen in der Gruppe dauerhaft erhöhen. Insbesondere in früheren Zeiten, als es noch kein Radio gab, war das Militär durch Trommeln, Kanonen, Schießübungen und Übungskämpfe eine herrlich laute Welt, eine herrlich leuchtendbunte durch die geputzten Uniformen. Diese hoben sich nicht nur (sinnes)reizvoll vom wenig farbenfrohen Alltag der meisten Zeitgenossen ab, sie verhieß auch Anerkennung durch weite Teile der Bevölkerung. Schließlich bot das Militär einen Ausmaß an Ortswechseln, den sonst nur Mitglieder der Elite, Kauf- und Seeleute sowie Handwerksburschen auf der Walz erleben konnten.

Der zweite Grund, warum der persönliche Denker als Genie erscheint, liegt in der besonderen Art des extravertierten Denkens begründet. Carl Gustav Jung schrieb 1921, sein

Träger strebe danach, „*seine gesamte Lebensäußerung in die Abhängigkeit von intellektuellen Schlüssen zu bringen, die sich in letzter Linie stets am objektiv Gegebenen, entweder an objektiven Tatsachen oder allgemein gültigen Ideen orientieren. Dieser Typus verleiht nicht nur sich selber, sondern auch auch seiner Umgebung gegenüber der objektiven Tatsächlichkeit, respektive ihrer objektiv orientierten intellektuellen Formel die ausschlaggebende Macht. An dieser Formel wird gut und böse gemessen, wird schön und häßlich bestimmt. Richtig ist alles, was dieser Formel entspricht, unrichtig, was ihr widerspricht, und zufällig, was indifferent neben ihr herläuft. Weil diese Formel dem Weltsinn entsprechend erscheint, so wird sie auch zum Weltgesetz, das immer und überall zur Verwirklichung gelangen muß, im einzelnen sowohl wie im allgemeinen. Wie der extravertierte Denktypus sich seiner Formel unterordnet, so muß es auch seine Umgebung tun zu ihrem eigenen Heil, denn wer es nicht tut, ist unrichtig, er widerstrebt dem Weltgesetz, ist daher unvernünftig, unmoralisch und gewissenlos. Seine Moral verbietet dem extravertierten Denktypus, Ausnahmen zu dulden. Sein Ideal muß unter allen Umständen Wirklichkeit werden, denn es ist, wie es ihm erscheint, reinste Formulierung objektiver Tatsächlichkeit und muß daher auch allgemein gültige Wahrheit sein, unerläßlich zum Heil der Menschheit. [...] Alles, was in seiner eigenen Natur dieser Formel als widersprechend empfunden wird, ist bloß Unvollkommenheit, ein zufälliges Versagen, das bei nächster Gelegenheit ausgemerzt sein wird, oder wenn dies nicht gelingt, so ist es eben krankhaft.*" (Jung, S. 371 f.)

Extravertierte suchen im Grunde also weniger nach jemandem, der für sie denkt, sondern in erster Linie nach der Weltformel schlechthin, oder sie fassen es zumindest als Weltgesetz auf, was sie an Gedanken eines anderen übernehmen. Dabei ist ihre Weltsicht nicht nur militäraffin: Weil Extravertierten aufgrund der Leistungsschwäche ihrer zum

Grübeln zuständigen Hirnareale nicht nur die Fähigkeit, sondern auch die Erfahrung reflektierenden Denkens weitgehend fehlt, sind ihr Denken, ihr Urteilen und ihr Handeln tendenziell totalitär ausgerichtet. Lesen Sie Jungs Beschreibung ruhig nochmal durch. Vielleicht ahnen Sie jetzt auch, wonach die Kapitel dieses Essays eigentlich gegliedert sind: Was Thacker herausarbeitete, waren die Fasern jener Weltformel, die Goebbels in seinem Leben entwickelt hatte, und der gegenüber er sich in der reinsten und ausgeprägtesten Extraversion verhielt.

Extravertierte suchen also nach einer Führung oder nach einem Führer im neutralsten Sinne des Wortes, der sie an eine Weltformel heranführt. Doch sie sind nicht die Einzigen, die sich so verhalten. Neben dem extravertierten Führungsbedürfnis haben wir bereits zwei weitere Fälle kennengelernt, in denen Personen ein enges Verhältnis zu einer Führung – oder einem „Führer" – aufbauen. Zum Einen waren das die Rechten, also der religiöse Teil der Bevölkerung, die nach einer Erklärung für ihre religiösen Gefühle suchen und ebenso wie die Extravertierten darum bemüht sind, ihr Leben mit ihrer religiösen Weltformel, vielleicht auch einem empfundenen Weltenlenker in Einklang zu bringen. Zum Anderen ist es das demokratische Bedürfnis nach Führungsbestimmung: Wahlbeteiligungsraten steigen, das Interesse der Wahlberechtigten an der Teilnahme an einem Urnengang wächst, je mehr Einfluss sie auf die Zusammensetzung und den Kurs der Regierung nehmen können. Das belegen Modelle wie die oben erwähnte Haupt-und-Nebenwahl-Theorie.

Es ist wichtig, diese drei Formen auseinanderzuhalten und sich stets zu fragen, welches Verhältnis zu Führung oder einem „Führer" gerade vorliegt, nicht zuletzt deshalb, weil letzterer Begriff bei der Beschäftigung mit Faschismus und Nationalsozialismus durch seine historische Verwendung omnipräsent ist. Wenn Hitler überzeugt war, eine Vorsehung zu spüren, die ihn auserwählt habe und von der er sich leiten lassen müsse, so folgte er damit unübersehbar einem religiösen Führungsbedürfnis. Etwas völlig anderes war es, wenn Goebbels Hitler zum Genie erklärte und dessen Ideen in seine Weltformel einbaute, um sein extravertiertes Führungsbedürfnis zu befriedigen. Und wieder etwas völlig anderes war es, wenn die kaiserzeitlichen Sozialdemokraten August Bebel zujubelten und ihn als ihren Kaiser bezeichneten. Hier ging es nicht um die Befriedigung eines religiösen Führungsbedürfnisses oder – zumindest bei den meisten – um diejenige eines extravertierten, sondern darum, in einem Auswahlprozess den eigenen Favoriten an die Spitze der Regierung zu bringen. Kein Sozialdemokrat hat Bebel im religiösen Sinne vergöttert, aber ohne Zweifel hätte er ihm seine Stimme gegeben, hätte er für die Wahl zum Staatsoberhaupt oder Regierungschef kandidieren können. Natürlich können sich diese verschiedenen Bereiche auch vermengen; so wird mancher extravertierte Sozialdemokrat in Bebels Schriften durchaus seine extravertierte Weltformel gefunden haben, und der extravertierte Goebbels wollte Hitler als Regierungschef sehen.

Für uns relevanter ist aber ein anderes Phänomen: Jung nahm seinerzeit an, Martin Luther habe auf der realen Anwesenheit des heiligen Geistes beim Abendmahl bestanden, weil er sich Gott als Extravertierter nur als ein Objekt habe vorstellen können, dass real existieren und daher physisch da sein müsse. Ob das stimmt, weiß ich nicht, auch nicht, ob Luther extravertiert war, aber diese Theorie passt auffallend gut zu Goebbels. Nun wirklich ungewöhnlich für einen Linken des 20. Jahrhunderts, scheint der sich zwar permanent die Frage gestellt zu haben, was Gott ist, aber nie, ob Gott ist, ob es einen Gott überhaupt gibt. Selbst noch 1945, als ihm am Freitag den 13. (!) die Nachricht vom Tod Franklin Delano Roosevelts erreichte, wertete er das als ein Zeichen, dass Gott auf Hitlers Seite stünde. In diesem Moment offenbarte sich die ganze Tragik seines Lebens: Ihm, dem rheinischen Linken, war seine ganze Kindheit und Jugend über die Existenz eines Gottes indoktriniert worden, von Eltern, Schule, Kirche und Staat. Schutz vor der Religion hatte er nirgends erhalten, die Freiheit eines Lebens ohne Gott, in der er sich als areligiöser Mensch hätte entfalten können, nicht erfahren. Zwar konnte er mit dem religiösen Gerede inhaltlich nichts anfangen, fasste als Extravertierter das omnipräsent beschworene allmächtige Wesen aber als real existierendes Ding auf. Das war tragisch für ihn, aber auch tragisch für die Welt, denn ohne die permanente religiöse Indoktrination wäre er als Areligiöser wohl kaum einem Menschen gefolgt, der überzeugt war, von einer Vorsehung auserwählt zu sein. Goebbels hielt zu Hitler, weil ihm eine Jugend ohne Gott verwehrt worden war.

Das zweite Persönlichkeitsmerkmal, das an Goebbels ins Auge fällt, war seine ausgeprägte Gewissenhaftigkeit. Stimmen die Erzählungen über ihn, erhält man den Eindruck, die Natur habe in dem deutschen Kunstliebhaber eine Karikatur auf das Literaturbild entworfen, welches französische Schriftsteller von britischen Gentlemen haben. Oder, einfacher gesagt: Goebbels scheint in seiner Gewissenhaftigkeit und daraus resultierenden Ordnungsliebe noch extremer gewesen zu sein als Phileas Fogg. Als sicherer Hinweis für eine durchaus überdurchschnittliche Gewissenhaftigkeit kann die Ausdauer gelten, mit der er Langzeitprojekte verfolgte. Gemeint sind natürlich die Tagebücher, in denen Goebbels mehr als zwei Jahrzehnte lang fast täglich Einträge machte, sowie die Fähigkeit, einen akademischen Bildungsweg bis zur Promotion durchzustehen. Damit war intellektuell zwar definitiv das Ende der Fahnenstange erreicht und auch die Note alles andere als berauschend, aber für einen Extravertierten ist das Ergebnis dennoch bemerkenswert. Auch Photographien und seine Auftritte sprechen nicht für einen schlampigen Menschen.

Das dritte auffällige Persönlichkeitsmerkmal war

Goebbels' zumindest durchschnittliche Offenheit, das heißt seine Aufgeschlossenheit gegenüber neuen und kulturellen Erfahrungen. Sie zeigt sich im vom Thacker herausgearbeiteten starken Hang, seinen deutschen Nationalismus mit der Kultur zu verbinden und in der Bereitschaft Hitlers, gerade ihm die Propagandaleitung zu überlassen. Ein Mensch mit ausgeprägter Skepsis gegenüber neuen Techniken und Darstellungsformen wäre hier fehl am Platze gewesen. Schließlich hätte Goebbels ohne Offenheit wohl kaum sein Bildungsniveau erreichen können. Allerdings unterlag diese Offenheit seiner Extraversion und Gewissenhaftigkeit: Goebbels' Beifall fand nur, was seinem Ordnungssinn entsprach und ausreichend bunt und peppig war. So notierte er unter dem 10.11.1923: „*Gestern abend in M. Gladbach Konzert. H. Wetzler, früher Operndirigent in Cöln, Ouvertüre zu 'Wie es euch gefällt', brav, gesund, aber nicht übertrieben gekonnt. P. Hindemith Tänze zu Nusch-Nuschi. Wundervoll geistreich instrumentiert, von einer Klangfülle, einer Tonschönheit sondergleichen. Das Gegenteil von Wetzler, gekonnt bis dorthinaus, schmissig, Foxtrott, aber immer interessant und originell. Hindemith wird nochmal etwas zu bedeuten haben.*

Zum Schluß R. Strauß 'Til Eulenspiegel'. Die lustigen Streiche in Musik. Er kann's doch am besten von den dreien. Wie das singt im Orchester, wie das ulkt und quietscht und unkt und flötet und Purzelbäume schlägt. Der Til ist das Beste, was ich von Strauß kenne. Ein musikalisches Gemälde allererster Güte, voll Schmiß, genial in der Orchestration (bei Strauß ja selbstverständlich), voll Humor und Witz und Bosheit. 'Meister' Gelbke dirigierte brav und redlich. Er machte auch Strauß und Hindemith, was ein guter Staatsbürger daraus machen kann. Um solche Sachen richtig zu dirigieren muß man schon ein Schweinhund, oder besser noch a Jud sein. (Am besten vielleicht beides zusammen.)"

Missfallen erregte dagegen, was Extraversion und Gewissenhaftigkeit widersprach. So notierte Goebbels am 17. 10.1923: *„Gerhart Hauptmann ist ein alter, müder Mann geworden. Er sagt uns Jungen gar nichts mehr. Und Thomas Mann ging den Weg des intellectuellen Mitteleuropäers. Seine Kunst ist in den letzten Jahren nur noch ein Leckerbissen für verwöhnte Gaumen, mehr nicht. Wenn man mit dem Untergang anfängt, wie sollte man noch den Mut und die Kraft finden zum Aufgang? [...] Es ist eine schwere Qual, am Grabe seiner Kultur zu stehen."*

Das betraf auch Goebbels' Verhältnis zu Marx. Unterm 7.5.1924 notierte er: *„Ich lese Karl Marx 'das Kapital'. Das A und O des heute zerfallenden Materialismus. Aber das Buch ist doch zu stark und zu faszinierend [!], als daß man es auf einen Hieb erledigen könnte."* 19 Tage später kam er zu dem Urteil: *„Ich lese Karl Marx 'das Kapital', besonders die Kapitel über die Arbeitsverhältnisse in England. Welch erschütternde Einzelheiten. Und wie trocken das alles erzählt wird. Das Buch ist schrecklich herzlos geschrieben."* Wie kann man von einem Akademiker auch nur verlangen, trockene Bücher zu lesen?

Mitunter ist es in der Persönlichkeitspsychologie üblich, Dinge nicht positiv, sondern negativ zu bestimmen. Man fragt dann nicht, ob eine Person hohe, sondern, ob sie niedrige Werte bei einem Persönlichkeitsmerkmal aufweist. In diesem Sinne: Wenn Sie wissen wollen, was eine ausgeprägte Verträglichkeit ausmacht, nehmen Sie Joseph Goebbels, und orientieren Sie sich am genauen Gegenteil von ihm. Der Propagandaminister war, was auch völlig seinem Ruf entspricht, total unverträglich. Offenbar schon als Kind ungewöhnlich aggressiv – was Mitschülern zufolge vor allem dann aufgetreten sein soll, wenn jemand ihn verhöhnte oder seinen Ansprüchen an Gewissenhaftigkeit nicht entsprach –, lebte er als Erwachsener sein extravertiertes Konfliktbedürfnis ungehindert aus – sei es gegen Juden, politische Gegner, Verbrecher oder Menschen in seiner unmittelbaren Umgebung.

Damit verbleibt der Neurotizismus als das einzige Persönlichkeitsmerkmal, für das keine eindeutige Bewertung möglich erscheint. Auf der einen Seite scheint Goebbels weder durch Panikattacken noch durch psychische Instabilität aufgefallen zu sein. Auf der anderen Seite beging er 1945 eben kollektiven Selbstmord und wollte sich wohl schon nach der Trennung mit Anka Stahlherm das Leben nehmen. Ein Testament hatte Goebbels jedenfalls bereits abgefasst. Es sei darauf hingewiesen, dass auch Ferdinand Lassalle immer wieder an suizidalen Gedanken litt, allerdings liegen in Goebbels' Fall auch Ursachen tiefenpsychologischer und mythologischer Natur nahe: Er hatte 1915 seine jüngere Schwester Elisabeth an die Tuberkulose und 1923 seinen besten Freund Richard Flisges, bei dem er auch sein extravertiertes Führungsbedürfnis befriedigte, bei einem Bergwerksunfall verloren. Der Tod nahestehender Menschen sowie die für Extravertierte besonders schwierige Erfahrung des unfreiwilligen Alleinseins könnten ihre psychischen Spuren hinterlassen haben. So notierte Goebbels am 29.4. 1925: *„Ich lebe in einer unerhörten seelischen Depression."* Zwei Tage später stellte er fest: *„Es kommt in diesen Tagen so oft die Verzweiflung. Dann sehne ich mich nach dem Untergang. Was mich immer am tiefsten erschüttert, das ist die Tatsache, daß so wenige nur mitgehen können und wollen."* Und den folgenden Tag: *„Richard steht wieder vor mir. Wie oft schaue ich sein Bild an, das auf meinem Nachttisch steht. Ich kämpfe in seinem Sinne."* In einem Fall diente ihm eindeutig die Bibel als Vorbild, nämlich, als er sich als Judas Iscariot inszenierte. Sollten Sie selbst an solchen Vorstellungen leiden, möchte ich Sie darum bitten, sich an die Telefonseelsorge zu wenden oder psychologische Hilfe in Anspruch zu nehmen.

Damit lassen sich weite Teile von Goebbels' Verhalten mittels ausgeprägter Persönlichkeitsmerkmale erklären: Sehr hohe Werte im Bereich Extraversion, zumindest hohe bei der Gewissenhaftigkeit, wenigstens durchschnittliche im Hinblick auf die Offenheit, extrem niedrige, wenn es um Verträglichkeit ging. Ich könnte meine Analyse damit beenden, doch ließe ich dann jene Leute ratlos zurück, die bereits Peter Gathmanns Untersuchung kennen, der bei dem Propagandaminister eine eindeutige Introversion diagnostizierte. Tatsächlich lässt sich auch diese Sichtweise gut belegen; so gab sich Goebbels in seinem allerersten Tagebucheintrag, wie schon erwähnt, *„Zehn Gebote für mich in dieser Zeit"*. Dabei versprach er Religiosität (*„9. Suche mit Gott fertig zu werden./10. Verzweifle nicht."*), lobte das Frühaufstehertum (*„5. Stehe um 8h auf und gehe um 10h schlafen."*), bekannte sich zur Verträglichkeit (*„1. Sei gut gegen alle Menschen, besonders gegen Mutter, Vater und Else; sie haben es besonders um dich verdient."*) und zur Introversion (*„2. Rede wenig und denke viel./3. Sei oft allein. [...] 7. Geh oft und weit spazieren, vor allem allein."*). Der springende Punkt ist, dass es sich hierbei eben um *„Gebote für mich in dieser Zeit"* handelt, also um Vorhaben, die Goebbels anstrebte, gerade weil er sie eigentlich nicht erfüllte, weil sie seiner Biologie nicht entsprachen: Er war areligiös, Spätaufsteher und Nachtmensch, unverträglich und extravertiert. Und doch scheint Goebbels beides, Intro- und Extraversion, angestrebt zu haben. So vermerkte er zu einer Übernachtung bei einer mecklenburgischen Bauernfamilie am 11.3.1925: *„Aber diese grauenhafte Langeweile bei den alten Leuten. Sie meinen, mich immer unterhalten zu müssen. Ich sehne mich heraus! Jetzt schon! Entweder volles Leben oder ganze Einsamkeit!"*

Für Goebbels' Hang zu introvertiertem Verhalten gibt es meiner Meinung nach zwei Erklärungen. Die eine ist ausgesprochen simpel: Peter Longerich verweist darauf, dass der Rheydter seine Behinderung in den Tagebüchern nur sehr selten erwähnte. Interessanterweise geht aus den von ihm zitierten Beispielen hervor, dass er mitunter erst nach wochenlangen Schmerzen auf dieses Thema zu schreiben kam und deretwegen zeitweise das Bett hüten musste. Dass sich Goebbels immer wieder zurückzog, dürfte wenigstens teilweise einer unausgesprochenen Schmerzlinderung und Schonung gedient haben.

Die zweite Erklärung bezieht sich auf Brian Littles Konzept der Pseudopersönlichkeit. Little untersuchte, wann und wie lange Menschen bereit und in der Lage sind, ein Verhalten an den Tag zu legen, das ihren biologischen Fähigkeiten eigentlich widerspricht, also als unfreundlicher Mensch freundlich zu sein und als freundlicher Mensch bärbeißig. Auf das „Wann?" antwortet er, solange sie ein Ziel haben, das dieses Verhalten rechtfertigt, auf das „Wie lange?", bis zu psychischen Ausfallerscheinungen oder einem Nervenzusammenbruch, denn im Grunde arbeiten diese Menschen ja gegen ihr eigenes Gehirn, gegen ihre eigene Biologie.

Im Goebbels' Fall heißt das: Er lernte beim Übergang zur Jugend, dass er durch introvertierte Techniken wie Lesen und Lernen die für ihn wichtige Anerkennung durch seine Umgebung erwerben konnte. Soweit half ihm pseudointrovertiertes Verhalten, seine extravertierten Bedürfnisse zu befriedigen, war also unterm Strich von Vorteil. Auch später, als ihn seine Anhänger als „unseren Doktor" betrachteten und er Teile der Propaganda zu leiten hatte, erwiesen sich ein introvertiertes Image und Bildung als nützlich. Zudem wirkten Menschen wie Hermann Göring, die ihr extravertiertes Streben nach Ansehen und Luxus offen auslebten, auf den gewissenhaften Linken eher abschreckend. Goebbels spielte vermutlich nicht nur der Welt, sondern auch sich selbst den Intellektuellen vor. Dass sich der psychische Schaden offenbar in Grenzen hielt, lag daran, dass er seine Extraversion ansonsten offen auslebte, durch Feiern, Kettenrauchen (dies direkt als Kompensation), eine brutale Gauleitung und die vielfältigen Tätigkeiten des Propagandisten.

Einzig während der ersten Hälfte der Zwanziger Jahre war das nicht möglich. In dieser Zeit überfielen ihn der *„Dämon"* und die *„innere Unruhe"*, und er stellte fest: *„Ich lebe in einer unerhörten seelischen Depression. Ich weiß nicht, was mit mir los ist. Vielleicht unbefriedigter Tatendurst."* (29.4.1925) War dieser jedoch, wie nach einem Wahlkampf, ebenso wie sein extravertiertes Führungsbedürfnis befriedigt, stellte sich bei dem seelisch Leidenden Seligkeit ein: *„Manchmal beobachte ich mich selbst, und dann steigt die helle Freude in mir auf, daß ich wieder einen Glauben und ein neues Ziel habe. Ich irrte wahl- und regellos im Geiste umher. Jetzt bin ich stark und wappne mich zum Kampf um die letzte deutsche Daseinsform."* (7.5.1924)

Goebbels eignete sich ganz außerordentlich, um zu zeigen, wie die Persönlichkeit die Ansichten und das Handeln einer historischen Person bestimmt, weil er über eine extreme Persönlichkeit verfügte, diese meistenfalls offen auslebte und das auch noch gut dokumentiert ist. Doch außerhalb der Historikerkreise scheint mir die Beschäftigung mit einem anderen Mitglied der NS-Führung interessanter zu sein, das ebenfalls über eine extreme Persönlichkeit verfügte und der ich mich jetzt zuwenden werde. Und bitte: Nehmen Sie mich ernst, lachen Sie mich nicht aus und vor allem: Lesen Sie weiter! Denn die Person, von der ich schreibe, ist als der Inbegriff der farblosen Persönlichkeit selbst in die Geschichte eingegangen: Heinrich Himmler.

Nun sei zugegeben, dass sich über die Ausprägung von mehreren Persönlichkeitsmerkmalen Himmlers keine klaren Aussagen treffen lassen, weshalb man lieber den Mantel des Schweigens über sie legen sollte. So steht dem Gegner moderner Literatur der leidenschaftliche Förderer der Ahnenerbeforschung gegenüber, was das Ausmaß an Offenheit nur schwer bestimmen lässt. Dass Himmler als Erwachsener über psychosomatische Beschwerden klagte, muss noch kein Zeichen für Neurotizismus sein. Schließlich war er gewissenhaft genug, um als Pedant zu gelten, doch scheint diese ausgeprägte Gewissenhaftigkeit nicht jene Bedeutung erlangt zu haben, wie das bei Goebbels der Fall war.

Das Verflixte an Himmler waren jene beiden Persönlichkeitsmerkmale, die sich in ihrer extremen Ausprägung in der Außensicht gegenseitig zur Farblosigkeit aufhoben. Zunächst zur Extraversion: Himmler liebte große Auftritte und bombastische Feste, fiel durch unvorhersehbare Meinungsänderungen auf, trieb als Chef seine Untergebenen in die Arme der Psychiater, weil er jedes Detail selbst kontrollieren und entscheiden wollte – Experimente zeigen, dass dieser Führungsstil vor allem bei Extravertierten zu finden ist – und verstand sich dabei wie Wilhelm II. als Erzieher seiner Untertanen. Vor allem aber konnte er pausenlos reden – es sei denn, er bemerkte, dass er durch „*Verquasseln*" (zitiert nach Longerich: Himmler, S. 54) negativ auffiel und ihm auf diese Weise die für den Extravertierten so wichtige Anerkennung seiner Umgebung verloren ging. Dann tat Himmler etwas, worauf Goebbels sein Lebtag nicht gekommen wäre: Er schwieg und bemühte sich, seinen extravertierten Kommunikationsdrang unter Kontrolle zu bekommen. Auf Fremde musste er daher irgendwie wie ein Introvertierter wirken, doch im Gegensatz zu echten Introvertierten fiel einerseits auf, wie angestrengt seine Reglosigkeit war, und andererseits, dass er, wenn er doch sprach, über kein reflektierendes Denkvermögen verfügte.

Die Ursache für dieses seltsame Verhalten war eine stark ausgeprägte Verträglichkeit. Sie bildete auch die Grundlage für sein ausgesprochen freundliches Auftreten, das immer wieder Gesprächspartner verblüffte, weil sie es ihm nicht zutrauten, und das im Gegensatz zur Reglosigkeit weder erzwungen erschien noch erzwungen war. Vor allem aber hinderte ihn seine Verträglichkeit daran, Konflikte in seiner Umgebung zu ertragen; anders als die meisten Extravertierten und gerade im Gegensatz zu Goebbels fehlte in

69

seinem Verhalten der typische, aggressive Zug. Auch als Chef versuchte Himmler, Konflikte zu vermeiden. Er, der den theatralischen Auftritt ebenso liebte wie er Gehorsam einforderte, wollte Disziplinarstrafen nur im möglichst kleinen Rahmen verhängt wissen. Zwei im Dauerstreit liegenden Oberführern übergab er sein Büro und eine Flasche Wasser, damit sie sich selbst aussprechen konnten. Himmler erzog lieber und strafte nur selten wirklich, sodass man ihn erneut mit einem Introvertierten verwechseln konnte. Doch die Verträglichkeit bewahrte die Untergebenen nicht vor dem extravertierten Zug, Konflikte im Zweifelsfall gewaltorientiert zu lösen: So musste Gerret Korsemann für seinen aus Himmlers Sicht übereilten Rückzug aus dem Kaukasus zwar nur eine Versetzung vom Posten des Stellvertretenden Höheren SS- und Polizeiführers Russland-Mitte ertragen, war fortan aber in Kampfeinsätzen ausdrücklich „*in vorderster Linie einzusetzen*", denn: „*Ich habe Korsemann die Gelegenheit des Einsatzes bei der SS-Panzer-Division 'Leibstandarte Adolf Hitler' gegeben, damit er sich durch diesen Einsatz von dem Vorwurf mangelnden Mutes und mangelnder Nervenstärke reinigen kann.*" (zitiert nach: Longerich: Himmler, S. 352) Letztere zeichnete Himmler übrigens selbst aus, wofür die falsch bespielte Extraversion mitursächlich sein könnte.

Dass diese Extraversion bei ihm letztlich von größerer Bedeutung war als die Verträglichkeit, zeigen Himmlers moralische Vorstellungen. Longerich arbeitete vier Tugenden heraus, die der Reichsführer-SS als zentral betrachtet habe: Treue, verstanden als „*freiwillige und vollständige Unterwerfung unter einen Führer.*" Sie war ihm „*nicht rational begründbar, sondern eine emotionale Bindung*" (Longerich: Himmler, S. 314). Sodann folgte der „*Gehorsam [...] als praktische Konsequenz der Treue*" (Longerich: Himmler, S. 317). Es fällt nicht schwer, in der Treue das Erheben einer Vorstellung zur allgemeinen Richtschnur und im Gehorsam das danach widerspruchslos auszurichtende Handeln zu erblicken, in beiden aber auch Himmlers Selbstverständnis als Oberbefehlshaber. Diesen extravertierten Tugenden waren die Verträglichkeitstugenden Kameradschaft und Anstand untergeordnet. Erstere diente Himmler Longerich zufolge ohnehin nur *„der Erziehung zum Gehorsam.*" (Longerich: Himmler, S. 318) Was als anständig galt, richtete sich nach dem Vorstellung der Extravertierten, konfrontatives Verhalten als respektabel, Beschwichtigung und Deeskalation als verachtenswert zu betrachten: So habe sich die SS bei der Exekution von mit Extraversion assoziierten Personen extravertierten Überschwangs – wie beispielsweise des Sadismus – zu enthalten, ihn bei der Exekution von mit Introversion assoziierten Personen hingegen umso deutlicher zu praktizieren. Schließlich stärkte anständiges Verhalten aus Himmlers Sicht auch den Gehorsam des derart Behandelten.

Hatten die Unterschiede zwischen Himmlers und Goebbels' Persönlichkeit einen praktischen Effekt? Fragen wir, wie beide sich verhielten (oder verhalten hätten), wären sie mit der Leitung eines Konzentrations- oder Vernichtungslagers beauftragt worden. Von Himmler ist bekannt, dass er problemlos zwischen stundenlangem Menschenmorden und vergnüglicher Freizeit hin und her wechseln konnte. Außerdem hätte er auch dann geschafft, was normalen Menschen kaum möglich ist: Sechzehn Stunden am Stück fast ununterbrochen Büroarbeit zu leisten, auch wenn er das Arbeiten außerhalb seiner dienstlichen vier Wände bevorzugte und das nach Möglichkeit auch tat. Das erinnert nicht zufällig an Rudolf Höß, den echten Auschwitz-Kommandanten. Wie Himmler legte der großen Wert auf die Wahrung von Anstand, was in Himmlers Kontext auf eine ausgeprägte Verträglichkeit hinwies. Für sie spricht im Falle Höß' auch, dass dieser angab, eine gewisse Form von Mitleid mit Opfern in seiner unmittelbaren Umgebung empfunden zu haben. Allerdings dürfte es diese ausgeprägte Verträglichkeit beiden auch schwierig bis unmöglich gemacht haben, den Konflikt mit Vorgesetzten zu suchen, und tatsächlich konnte sich Himmler 1945 erst in dem Moment zum wirklichen Bruch mit Hitler entscheiden, als dieser verkündete, dass er keine Befehle mehr geben werde, nach denen man sich richten könnte. Goebbels hingegen wäre in einer solchen Position wohl zum Sadisten geworden, der sich das eintönige Menschenmorden durch das Schikanieren seiner Opfer etwas abwechslungsreicher und „lustiger" gestaltet hätte. Ob freilich überhaupt einem von beiden die Idee gekommen wäre, gegen die eigene Führung rebellieren zu sollen, muss dahingestellt bleiben. Der unverträgliche Goebbels war zwar mehrfach zum Bruch mit Hitler bereit, aber je mehr er sich mit dem Nationalsozialismus identifizierte, desto seltener sah er einen Grund dazu.

Interessanter als die Unterschiede ist ohnehin eine Gemeinsamkeit: Nicht nur Höß, sondern fast alle Personen, die man mit dem Begriff der NS-Führung fasst, waren entweder Himmler oder Goebbels auffallend ähnlich. Beinahe die einzige Ausnahme bildeten Leute wie Martin Bormann und klassische Schreibtischtäter wie Heinrich Müller, die mit Blick auf die Persönlichkeitsmerkmale aber nur insofern abwichen, als sie auffallend wenig Interesse an kulturellen Dingen und damit wohl nur sehr schwache Werte im Bereich Offenheit hatten. Ansonsten jedoch: Geschwätzigkeit, Lust an Pomp und Luxus, hohe Belohnungssensitivität, eine erstaunliche Fähigkeit zur Aktenarbeit im Dienste einer Weltformel, Spaß an Abwechslung und Geselligkeit, Selbstverständnis als ausführendes Organ einer Befehlskette: Mit einer Ausnahme scheint jeder, der nach Kriegsbeginn noch eine höhere Position im NS-Staat einnahm, auch eine äußerst ausgeprägte Extraversion aufgewiesen zu haben. Und das ist aus zwei Gründen kein Zufall: Zum Einen galt ein Waffengang gegen Großbritannien und Frankreich in Deutschland 1939 als derart tollkühn, dass selbst Goebbels Hitler davon abhalten wollte. Ambi- und Introvertierte dürften von dieser Vorstellung noch stärker abgeschreckt worden sein. Zum Anderen gewannen in den folgenden Jahren auf allen Seiten Extravertierte wie Stalin, Churchill, Mussolini, Himmler und Goebbels einen immer größeren Einfluss auf die Kriegsführung, sodass diese immer ungehemmter extravertierten Regeln (Stillung der Belohnungssensitivität durch möglichst große Opferzahlen und die Fokussierung auf prestigereiche Ereignisse wie die Einnahme Berlins, das Erringen von Respekt durch immer größere Gewaltakte, Verschärfung von Feindbildern sowie des Gehorsams gegenüber der eigenen Weltformel) folgte. Unter der Herrschaft dieser Logik konnte der Rest der Menschheit nur zusehen, irgendwie zu überleben.

Umso überraschender ist es, dass ausgerechnet im Zentrum dieser Entwicklung ein Introvertierter stand, der der Gewalt selbst Vorschub leistete und den Nationalsozialisten in Deutschland als Quell ihrer Weltformel diente. Ich hatte zunächst vorgehabt, ähnlich wie zu Goebbels auch zu Hitler eine Persönlichkeitsanalyse anzufertigen, mich dann aber entschieden, von diesem Vorhaben abzulassen, weil ich den damit erzeugten Erwartungen unmöglich hätte entsprechen können. Das hat vier Gründe.

Erstens war Hitler zwar zutiefst introvertiert, sah sich aber durch die Ereignisse um das Ende des Ersten Weltkriegs dazu berufen, einen pseudoextravertierten Lebensstil anzunehmen. Bedenkt man, in welchem Ausmaß er diese Entscheidung während der Zwanziger und Dreißiger Jahre lebte – mehrere Personen überlieferten, dass er bei öffentlichen Auftritten seine für die Kommunikation zuständigen Hirnareale derart überstrapazierte, dass er anschließend stundenlang kaum noch mit seiner Umgebung zu kommunizieren vermochte –, erscheint es mir nicht übertrieben, seinen zusehenden geistig-körperlichen Verfall der Vierziger Jahre mit dieser Überbeanspruchung in Verbindung zu bringen. Das widerspricht durchaus nicht der als sicher geltenden Diagnose, dass Hitler an Parkinson litt, denn diese rief, wie Ellen Gibbels nachwies, in seinem Fall keine psychischen Beeinträchtigungen hervor. Dafür lassen sich aber einige Phänomene, die von Zeitgenossen und Nachgeborenen als Zeichen einer „Krankheit" aufgefasst wurden, als Kennzeichen einer Introversion deuten, sind bei ihm also als Ausdruck gesunden Verhaltens zu werten. Auffällig ist allerdings das Ausmaß, in dem sie mit der Zeit auftraten. Das gilt insbesondere für die Apathie, die als Rebellion des Körpers gegen einen falschen Lebensstil verstanden werden kann: Die extravertierten Hirnareale verweigerten ob völliger Erschöpfung den Dienst, die introvertierten forderten infolge Unterforderung ihr Recht ein. Im Grunde verhielt sich Hitlers Körper jetzt jedoch nicht anders, als er es schon in Wahlkampfzeiten getan hatte, nur eben in verstärkter Form. Inwieweit und, wenn ja, ab wann dies allerdings seine Entscheidungen beeinflusst haben könnte, ließe sich allenfalls im Rahmen einer größeren Untersuchung ermessen. Diese müsste freilich auch Hitlers übrige Persönlichkeitsmerkmale berücksichtigen; so ist allgemein bekannt, dass er auf Gehorsamsverweigerung mit den schon von Friedrich Wilhelm I. bekannten Wutanfällen reagierte, nur, dass Hitler niemanden krankenhausreif schlug. Er könnte also die Unverträglich- und Gewissenhaftigkeit des Soldatenkönigs geteilt haben, unterschied sich von diese aber hinsichtlich der Extraversion.

Zweitens verhilft die Leistungsstärke der dem Nachdenken dienenden Hirnareale Introvertierten zwar zu einer in letzter Zeit viel gerühmten und beeindruckenden Analysefähigkeit; dem steht aber das eben erwähnte schnelle Erschöpfen jener Hirnareale gegenüber, die der Informationsaufnahme und -wiedergabe dienen. Introvertierte sind daher die Ersten, denen es schwer fällt, mit einer Gruppendynamik mitzuhalten, und auch die Ersten, die sich von einer Informationsflut überfordert fühlen. Um diesen Herausforderungen zu begegnen, entwickeln sie im Idealfall möglichst schnell eine bestimmte Technik: Statt wie Extravertierte ins Zentrum einer Gruppe, beispielsweise eines Konzertpublikums, zu strömen, um möglichst viele und intensive Sinneseindrücke gleichzeitig zu erleben, suchen sie sich gezielt reizarme Plätze. Von hier aus beobachten sie die übrigen Anwesenden: Wie bewegen sie sich? Wann bewegen sie sich wie? Ist der Auslöser für eine bestimmte Bewegung eine Änderung der Musik, eine Handlung des Tanzpartners oder dient sie der Vorbereitung der nächsten Handlung derselben Person? Die Beobachtung muss natürlich nicht die Anwesenden betreffen; auch die Musik kann analysiert werden oder, inwieweit Musik und Show aufeinander abgestimmt sind.

Für Introvertierte hat dieses Verhalten zunächst einmal den Vorteil, dass sie ihre dem Nachdenken dienenden Hirnareale nicht unter- und die der Kommunikation dienenden nicht überfordern müssen. Ferner können sie die Masse der Sinneseindrücke auf eine weniger komplexe Situation reduzieren und ihr Denken auf die bewusste Aufnahme und Auswertung weniger Reize konzentrieren. Und schließlich können sie die analysierten Erkenntnisse auch direkt nutzen, indem sie das Verhalten der übrigen Tänzer imitieren. Sie werden zu Schauspielern; eine anschauliche Beschreibung, wie das abläuft, hinterließ uns August Bebel, der seine Zeit als Kleinkind in einer Kaserne (und der dazugehörigen Stadt Deutz) verbrachte: *„Natürlich litten unter diesen musikalischen nicht die militärischen Übungen. Der Anreiz dazu lag ja in der ganzen Umgebung; er lag buchstäblich in der Luft. Sobald ich also die ersten Hosen und den ersten Rock anhatte, die selbstverständlich beide aus einem alten Militärmantel des Vaters gezimmert worden waren, stellte ich mich, ausgestattet mit der nötigen Bewaffnung, neben oder hinter die auf dem freien Platz vor der Kasematte übenden Mann-*

schaften und ahmte ihre Bewegungen nach. Wie mir meine Mutter später öfter humorvoll erzählte, soll ich namentlich das Rechts- und Linksaufrücken meisterlich fertigbekommen haben, eine Übung, die den Mannschaften viel Schweiß verursachte und bei der ich ihnen manchmal von dem kommandierenden Offizier oder Unteroffizier als Muster hingestellt worden sein soll." (Bebel: Aus meinem Leben, S. 12)

Ironischerweise sollte Bebel später nie in eine Armee aufgenommen werden, da man bei den Musterungen mit seiner schwächlichen Konstitution nichts anfangen konnte. Das hinderte den Unteroffizierssohn freilich nicht daran, seine Fähigkeiten weiter auszubauen: Mit der Zeit und einiger Übung können Introvertierte ihre Umgebung nicht nur immitieren, sondern auch gezielt ein Schauspiel arrangieren, um ein bestimmtes Ziel zu erreichen. Der bekannteste Beweis dafür sind die zahlreichen Schauspieler, die trotz ihrer Berühmtheit privat ein sehr bescheidenes und zurückgezogenes Leben führen, oder, genauer genommen, ihr bescheidener Lebensstil ist ein Hinweis darauf, dass sie über die Voraussetzung verfügen, um berühmte Darsteller zu werden. Bebel sollte es im Laufe seines Lebens immerhin so weit bringen, dass er bei Auftritten nicht nur Anhänger, sondern auch jüngere Reichstagsabgeordnete anderer Parteien in seinen Bann zu ziehen vermochte; manche Hörer fühlten sich während seiner Reden regelrecht hypnotosiert. Mit diesem Niveau sollte er in der deutschen Politik bis heute einzig bleiben. Wenn überhaupt, so gelang es lediglich Helmut Schmidt, in seine Fußstapfen zu treten – und eben, wie Wolfram Pyta zeigte, dem Österreicher Adolf Hitler, der aber nicht über Bebels Naturtalent verfügte und seine Auftritte daher bewusster arrangieren musste. Das ist wörtlich zu nehmen: Untersuchungen zeigen, dass jene Introvertierten am besten schauspielern können, die ohnehin stets das Gefühl haben, in den Augen anderer und nicht vor dem eigenen Anspruch gut dastehen zu müssen. Es gibt keinen Hinweis darauf, dass Hitler zur ersteren Gruppe gehörte; bei Bebel könnte das schon eher der Fall gewesen sein.

Freilich kommt auch das beste Schauspiel irgendwann an seine Grenzen, wie in Klaus-Günther Zelles Verhaltensstudie über den letzten Reichskanzler immer wieder deutlich wird. Die Kunst wird und wurde dann leicht zur Posse, beispielsweise, wenn einem introvertierten Beobachter bei seiner Analyse das Künstliche in der Darbietung auffiel, ein unkontrollierbarer Gefühlsausbruch das Schauspiel vereitelte – so Bebel auf dem Dresdner Parteitag 1903 –, zu dick aufgetragen wurde – so Hitler bei manchem gespielten Wutanfall –, die Darbietung zu lang wurde und den Darsteller überforderte oder über sein geplantes Konzept hinausging – gerade dann wurde bei Hitler deutlich, dass er sich selbst etwas vorschauspielerte, Bebel vergaß, dass er nicht mehr so frisch wirken durfte – oder aber sich der Introvertierte mehr auf sein Ziel denn auf sein Schauspiel konzentrierte; in solchen Fällen ließ Hitler seine Gesprächspartner unbeeindruckt zurück. Es wäre also nötig, zu entscheiden, in welchen der überlieferten Szenen der Österreicher schauspielerte und in welchen nicht.

Drittens basiert dieses schauspielerische Talent auch auf einer bestimmten Denkweise: Die Gehirne introvertierter Menschen verdrängen negative Erfahrungen nicht so schnell wie jene extravertierter Personen. Daher nehmen sie sich mehr Zeit, um über solche Erfahrungen nachzudenken, sie zu analysieren, auf eine abstrakte Ebene zu bringen, eine Ursache („Schuld", „Schuldige") zu ermitteln und schließlich ihr Handeln nach den gewonnenen Erkenntnissen auszurichten. Julius Kuhl verwendet für diese Besonderheit die Bezeichnung „Lageorientierung", und sie scheint für das Denken Introvertierter generell zu gelten: Sie versuchen grundsätzlich, mittels ihrer Analysefähigkeit erst einmal die Gesamtlage zu ermessen, um von dieser Basis aus zu entscheiden, wie sie handeln wollen. So machte Marx die Art und Weise, wie der Sozialismus zu erreichen sei, von der jeweiligen Verfasstheit von Staat und Politik abhängig: Boten diese eine legale Chance, war diese zu ergreifen, ansonsten Gewalt erlaubt. Dabei tendieren Introvertierte eher zur gewaltfreien Variante: Thomas Jefferson wollte die Sklaverei eher durch Bildungsprogramme für Sklavenbesitzer beseitigen als durch einen Sklavenaufstand, Marx empfahl in seiner Kritik des Gothaer Programms, die Demokratisierung des Deutschen Reiches auf legalem Wege zu erreichen.

Die Persönlichkeitsanalyse eines Introvertierten erfordert also deutlich mehr Aufwand als diejenige eines Extravertierten. Bei Letzterem genügt es, herauszufinden, wie sich seine Weltformel zusammensetzte, warum sie es genau auf diese Weise tat und welche Handlung einmal mehr war als eine extravertierte Grille. Beim Introvertierten wäre zu fragen, wie und warum er die Situation so analysierte, wie er es tat, welche Ziele er daraus ableitete – es wird sich dabei vermutlich in der Regel ebenfalls um eine bestimmte Situation oder einen bestimmten Zustand handeln, der erreicht werden soll – und welche Mittel er deshalb für angemessen hielt. Das ist im Rahmen eines Essays nicht möglich, erst recht nicht, wenn die betrachtete Person in einem ganz untypischen Ausmaß Konflikt und Gewalt bevorzugte.

Doch damit die Sache nicht etwa anfängt, einfach zu werden, kommt viertens noch ein weiteres Spezifikum introvertierten Denkens hinzu. Schon Carl Gustav Jung stellte fest: *„So verschwindet dieser Typus gerne hinter einer Wolke von Mißverständnis, die um so dichter wird, je mehr er kompensatorisch versucht, mit Hilfe seiner minderwertigen Funktionen die Maske einer gewissen Urbanität anzunehmen, welche aber zu seinem wirklichen Wesen oft in grellstem Kontrast steht."* (Jung, S. 241) Verwundert es da wirklich noch, dass die Biographie der dänischen Schauspielerin Kirsten Walther den Untertitel „*To roller. Ét liv.*" (Zwei Rollen – Ein Leben) erhielt? Nicht zufällig ist Walther eines der besten Beispiele dafür, wie gut Introvertierte schauspielern können – blieb sie doch vor allem für die Darstellung der extravertierten Dauerrednerin Yvonne Jensen aus den Olsenbandenfilmen in Erinnerung.

Nun beweisen Menschen wie Bebel und Hitler, dass die Unbeholfenheit weit weniger groß ist, als Jung es beschrieb. Aber im Kern hatte er Recht: Durch ihre Neigung, Konflikten aus dem Weg zu gehen, unbeholfene Gehversuche bei der Imitation Anderer oder der Anpassung an Andere und schließlich auch durch das voll entwickelte Schauspiel erscheinen Introvertierte ihren Biographen auf die Dauer als Sphingen, deren wahrer Kern kaum oder nicht zu erkennen ist, so Max Weber d. J. oder Thomas Jefferson. Napoléon III. war sogar schon Zeitgenossen die *„Sphinx von der Seine"*, und auch Bebel, Marx und Hitler waren letztlich Sphingen. Ob es diesen wahren Kern dabei überhaupt gibt, ist im Grunde fraglich. Heute gehen Persönlichkeitspsychologen davon aus, dass Extravertierte eher in der Kategorie des So-ist-es denken, Introvertierte hingegen eher im Was-wäre-wenn? Da sie immer wieder Situationen neu ermessen und verschiedene Handlungsmöglichkeiten gegeneinander abwägen, ist auch ihr wahrer Kern möglicherweise gar kein So-ist-es, sondern eher ein Was-wäre-wenn.

Was aber passiert dann, wenn ein Extravertierter Texte eines Introvertierten liest? Wenn aus einem Was-wäre-wenn ein So-ist-es wird? Der Introvertierte selbst ist hiervor normalerweise gefeit, denn bereits Jung wusste: *„Wenn er schon beim Ausbau seiner Ideenwelt vor keinem noch so kühnen Wagnis zurückschreckt und keinen Gedanken darum nicht denkt, weil er gefährlich, umstürzlerisch, ketzerisch und gefühlsverletzend sein könnte, so wird er doch von der größten Ängstlichkeit befallen, wenn das Wagnis äußere Wirklichkeit werden sollte. Das geht ihm gegen den Strich."* (Jung, S. 411 f.) Die Analysen Introvertierter sind also gar nicht zur direkten Anwendung gedacht, sondern dienen dem ehrlichen Ermessen der Situation, um danach Maßnahmen zu ergreifen, die sich wiederum mit der Situation ändern können und zur Gewaltfreiheit tendieren. Extravertierte aber können das nicht verstehen, denn sie suchen ja nach einer So-ist-es-Weltformel, nach der sie ihre Handlungsorientierung ausrichten können, und lieben es, Konflikte gewaltsam zu lösen.

Die Folge scheint mir diese zu sein: Wenn das radikale, gar nicht zur direkten Umsetzung gedachte Denken eines introvertierten Analysten von einem Extravertierten zur handlungsorientierten Weltformel erhoben wird, dann entsteht: Extremismus. So war nicht nur Benito Mussolini unfähig, Friedrich Nietzsches Hinweis zu verstehen, der *„Wille zur Macht"* sei letztlich ein Konzept *„zum Denken, nichts weiter: es gehört denen, welchen Denken Vergnügen macht, nichts weiter"* (zitiert nach: Taureck, S. 22). Da nur den Introvertierten das *„Denken Vergnügen macht"*, steht das Verständnis vom *„Willen zur Macht"* laut Nietzsche nur ihnen offen, und darf damit nur eine introvertierte Interpretation dieses Konzepts Gültigkeit beanspruchen. Die Extravertierten sind zu seinem Verständnis, zumindest aus eigener Kraft, biologisch kaum fähig, was Nietzsche korrekt feststellte: *„Die Deutschen von heute sind keine Denker mehr: ihnen macht etwas Anderes Vergnügen und Bedenken. Der Wille zur Macht wäre ihnen schwer verständlich"* (zitiert nach Taureck: S. 22 f.) Erneut stellt uns Hitler vor ein Problem: Verstand er Nietzsche als Introvertierter richtig, oder missinterpretierte er ihn, um den „Willen zur Macht" mit seiner Pseudoextraversion in Einklang zu bringen? Bewunderte er Mussolini so sehr, dass er sich von ihm in die Irre führen ließ?

Der Italiener war freilich nicht der Erste, an dem wir das extravertierte Missverständnis introvertierter Analysen beobachten können. So wunderte sich Shlomo Na'aman über die eigenwillige Art, mit der Ferdinand Lassalle aus den

Schriften Johann Gottlieb Fichtes Aktionsprogramme schreinerte. Lenin führte später die Unsitte ein, Unklarheiten über den Marxismus in dubio pro Engels zu entscheiden, was angesichts der unterschiedlichen Persönlichkeiten von ihm und Marx eine Interpretation in dubio pro extraversione et contra introversionem (im Zweifel für die Extraversion und gegen die Introversion) bedeutete. Im Kopf eines Josef Stalin wurde das zum Freifahrtschein, seiner Extraversion freien Lauf zu lassen – wie hätte Marx noch mäßigen sollen, wenn die Bevorzugung einer extravertierten Lesart zum Teil der Weltformel selbst wird?

Schon lange vor Lassalle und Stalin findet sich ein Dauerredner mit ausgeprägter Gewissenhaftigkeit namens Maximilien de Robespierre, der sich in die Pseudointroversion stürzte, um bei schulischen Wettbewerben Ruhm zu erlangen, und der dabei auf die Schriften Jean Jacques Rousseaus stieß. Er erhob sie zu seiner Weltformel – mit allen typischen Konsequenzen. Über den „*Robespierre des Nationalsozialismus*" meinte Axel Ripke also durchaus zutreffend: „*Der Mann ist uns gefährlich [...] er glaubt das, was er sagt.*" Inwieweit Goebbels, dem es gar nicht gefiel, so beschrieben zu werden – beide Zitate entstammen dem Tagebucheintrag vom 25.3.1925 – dadurch zum Antisemiten geworden sein könnte, soll Thema des nächsten Kapitels sein.

Der Antisemit

Wenden wir uns noch einmal Goebbels' Alter Ego Ferdinand Lassalle zu. Wir sahen bereits, dass sich dieser als Linker weder mit dem Juden- noch mit dem Christentum identifizieren konnte und daher grundsätzlich auch nicht bereit war, irgendeiner Religionsgemeinschaft beizutreten. Wir sahen aber auch, dass sich Lassalle in besonderer Weise vom Judentum abgestoßen fühlte. Doch worin bestand diese Abscheu eigentlich genau? Lassalle schrieb in seinem Brief an Sophie Sontzeff, er fühle sich aufgrund seiner jüdischen Vorfahren als ein Mensch, *„welcher – es ist wahr, wenn die Abstammung ein Recht zum Stolze gäbe, stolzer sein könnte, wie ihr alle, da er von einem Volk abstammt, welches älter ist als alle Fürsten und Edelleute, die nur etliche Jahrhunderte existierten; vom ersten zivilisatorischen Volke, welches in der Geschichte auftritt, und von den alten Königen Syriens. [...] Ich liebe die Juden durchaus nicht, ja, im allgemeinen verabscheue ich sie. Ich sehe in ihnen nur die sehr entarteten Söhne einer großen, aber längst entschwundenen Vergangenheit. Diese Leute haben während der in der Sklaverei verbrachten Jahrhunderte auch die Eigenschaften der Sklaven angenommen; und deshalb bin ich ihnen äusserst ungünstig gesinnt.“* (zitiert nach Na'amans Übersetzung in: Na'aman: Deutscher und Jude, S. 142)

Lassalles Haltung ist interessant, weil sie erneut Vorstellungen enthält, wie sie später auch im Nationalsozialismus zu finden sind. So liegt ihm der Gedanke nicht fern, dass *„die Abstammung ein Recht zum Stolze“* geben kann. Dass er diese Karte nicht zog, lag offenbar daran, dass er bei den Juden seiner Zeit eine Art „Sklavenmoral“ wahrnahm; sie und keine religiösen Aspekte waren es, die seine besondere Abscheu erregte. So müssen wir davon ausgehen, dass er auch der folgenden Ansicht Heinrich von Treitschkes, der mit besonderer Leidenschaft gesellschaftspolitische Debatten vom Zaun riss und austrug, voll und ganz zugestimmt hätte. Der aus Dresden stammende Historiker schrieb: „*Ich erinnere ferner daran, daß jener spanisch=portugiesische Judenstamm, welcher den Kern der israelitischen Bevölkerung Westeuropas bildet, auf eine vergleichsweise stolze Geschichte zurückblickt, während unserem deutsch=polnischen Judenstamme die Narben vielhundertjähriger christlicher Tyrannei sehr tief eingeprägt sind. Was ich damit sagen wollte, ist jedem Unbefangenen klar. Die spanischen Juden haben unter der Herrschaft der Omejaden eine reiche Zeit literarischer Nachblüthe erlebt, bürgerliches Behagen und Ansehen genossen und sogar Kriegshelden hervorgebracht; sie empfanden nachher unter den christlichen Königen den namenlosen Jammer, aber auch die erhebende und begeisternde Macht des Martyriums. Den polnischen Juden wurde das zweifelhafte Glück einer in der Form milderen, in der Sache verderblicheren Willkürherrschaft. Sie traten, nachdem der sarmatische Adel die deutschen Bürger aus ihren alten Pflanzungen, den polnischen Städten, nahezu vertrieben hatte, in die also leer gewordenen Stellen ein, übernahmen manche Aufgabe eines nationalen Bürgerthums, das sich dort niemals bilden konnte, beherrschten den Geldverkehr, blieben in ihrer Religion und Sitte ziemlich unbelästigt; dafür wurden sie tagaus tagein von den Magnaten und Schlachtizen mit Füßen getreten. Weil ich nicht verletzen wollte, so vermied ich absichtlich, den Schluß aus diesen Thatsachen zu ziehen, sondern überließ den Lesern selbst zu schließen: daß eine vielhundertjährige Knechtung bei leidlichem wirthschaftlichen Wohlbefinden den Charakter eines Volkes nothwendig schwerer schädigt als eine Geschichte voll großer Leiden und Kämpfe. Da nun unsere abendländische Geschichte trotz aller Verirrungen und Rückschläge im Wesentlichen eine Geschichte der Freiheit ist, so müssen die Marannen des Westens unserem Wesen näher stehen als der polnische Judenstamm.*" (Treischke: Herr Graetz, S. 662 f.)

Treitschke teilte offensichtlich Lassalles Vorstellung, wonach die Geschichte der eigenen Gemeinschaft auch den eigenen Stolz beeinflusst. Und wer das im Falle des Breslauer Jünglings noch immer nicht akzeptieren will, dem gebe ich nun seine Reaktion auf die Damaskusaffäre - einer christlichen Ritualmordklage gegen die dortigen Juden, welche von den osmanischen Behörden untersucht werden sollte – wieder. Und man bedenke: Lassalle schrieb diese Zeilen wenige Tage nach seinem 15. Geburtstag: „*Abends brachte mir der Bruder von Madame Director den Bericht über die Juden in Damascus. O, es ist schrecklich, zu lesen, schrecklich zu hören, ohne daß die Haare starren und sich alle Gefühle des Herzens in Wuth verwandeln. Ein Volk, das dies erträgt, ist schrecklich, es räche oder dulde die Behandlung. Wahr, fürchterlich wahr ist folgender Satz des Berichterstatters: 'Die Juden dieser Stadt erdulden Grausamkeiten, wie sie nur von diesen Parias der Erde ohne furchtbare Reaction ertragen werden können.' Also sogar die Christen wundern sich über unser träges Blut, daß wir uns nicht erheben, nicht lieben auf dem Schlachtfeld, [Wort nicht lesbar] auf der Tortur sterben wollen. Waren die Bedrückungen, um deren willen sich die Schweizer einst erhoben, größer? Gab es je eine Revolution, welche gerechter wäre, als die, wenn die Juden in jener Stadt aufständen, sie von allen Ecken anzündeten, den Pulverturm in die Luft sprengten und sich mit ihren Peinigern tödteten? Feiges Volk, du verdienst kein besseres Loos! Der getretene Wurm krümmt sich, du aber bückst dich noch tiefer! Du weißt nicht zu sterben, du weißt dich nicht mit deinen Feinden zu begraben und sie im Todeskampf noch zu zerfleischen! Du bist zum Knecht geboren!*"

Vielleicht ist es tatsächlich kein so fern liegender Gedanke, dass ein Extravertierter, der Geselligkeit und Anerkennung zu seinem Wohlbefinden braucht, auch einer Gemeinschaft angehören will, die aus seiner Sicht Anerkennung verdient, oder zumindest keiner, der er diese Anerkennung nicht selbst zollen will.

Worin besteht nun dieser Stolz? In den Ansichten Treitschkes und Lassalles war das extravertierte Lob auf gewaltsame Konfliktlösungen überdeutlich zu sehen, doch glücklicherweise ist das nicht alles. Zumindest bei dem aus Dresden stammenden Historiker sahen wir noch andere Elemente, die aus seiner Sicht den westlichen Juden *„ein Recht zum Stolze"* gäben: Sie haben eben auch *„eine reiche Zeit literarischer Nachblüthe erlebt [und] bürgerliches Behagen und Ansehen genossen"*, mithin sei ihnen eine *„Geschichte der Freiheit"* verständlich, welche den Kern der *„abendländische[n] Geschichte"* ausmache. Das heißt nichts anderes, als dass das Streben nach Freiheit für Treitschke einen Teil seiner Weltformel bildete, den er aber weder auf die Deutschen beschränkte, sondern als gemeinsames Band des Abendlandes betrachtete, noch den Juden vorenthielt.

Der extravertierte Stolz ist also weder ein rein militärischer, auch wenn dieser für Extravertierte sehr attraktiv zu sein scheint, noch schließt er die Anerkennung des Stolzes anderer auf ihre jeweilige Gemeinschaft aus. Im Grunde sahen wir das schon bei Thackers Feststellung, dass Goebbels seinen Nationalismus vor allem an der Kultur festmachte, sein Stolz auf die Deutschen vor allem ein Stolz auf die deutsche Kultur war. Und trotz seiner Skepsis ins Ausland oder internationale Kooperationen sah der Rheydter die Grundlagen für einen solchen Stolz auch in der russischen Kultur gegeben, und zwar so sehr, dass Hitler es nicht wagte, seinen Propagandaminister in die Planungen zum Überfall auf die Sowjetunion einzuweihen.

Dabei darf dieser Stolz nicht mit der Verweigerung von Selbstkritik verwechselt werden, eher ist das Gegenteil der Fall. Schwach zu erkennen ist das bei Goebbels, der die Vorstellung einer körperlichen Überlegenheit der Deutschen gegenüber anderen Völkern ablehnte. Auch für Treitschke minderten *„Verirrungen und Rückschläge"* nicht den Umstand, dass „*unsere abendländische Geschichte [...] im Wesentlichen eine Geschichte der Freiheit ist*", die seinen Stolz mitbegründete.

Noch deutlicher wird dieser Aspekt bei „Jens" Mommsen, dessen Extraversion sich beispielsweise darin äußerte, dass er als Historiker Diskussionen über theoretische Fragen grundsätzlich vermied, Objektivist im wahrsten Sinne des Wortes war und seine Seminare gerne mit konfrontativen Mitteln gestaltete. Mommsen hatte kein Problem damit, seine Ahnenreihe bis zu den Germanen zurückzuführen, ja er bezeichnete sie so kurzerhand wie konsequent als „Deutsche". Dieser Stolz auf die eigenen Vorfahren hinderte ihn jedoch nicht daran, ihren kulturellen Rückstand gegenüber dem Römischen Reich wahrzunehmen, im Gegenteil: Personen, die in den Germanen etwas anderes sah als Barbaren, betitelte Mommsen auch schon einmal als „*nationale Narren*" (zitiert nach: Goltz, S. 230). Langfristig führte diese „nationale Narretei" sogar zum Bruch mit der eigenen Nation: Der 1817 geborene Mommsen hatte noch die Ideale von Vormärzliberalismus und Völkerfrühling, demzufolge Europa aus politisch getrennten, aber miteinander kooperierenden Nationalstaaten bestehen sollte, in seine Weltformel eingebaut. In diesem Sinne förderte er Zeit seines fast 86 Jahre währenden Lebens beispielsweise die staatenübergreifende wissenschaftliche Kooperation. Dass seine Weltformel um die Jahrhundertwende immer weniger Anklang zu finden schien, veranlasste Mommsen zu einem radikalen Schritt. 1899 schrieb er in sein Testament: „*Politische Stellung und politischen Einfluß habe ich nie gehabt und nie erstrebt; aber in meinem innersten Wesen, und ich meine, mit dem Besten was in mir ist, bin ich stets ein animal politicum gewesen und wünschte, ein Bürger zu sein. Das ist nicht möglich in unserer Nation, bei der der Einzelne, auch der Beste, über den Dienst im Gliede und den politischen Fetischismus nicht hinauskommt. Diese innere Entzweiung mit dem Volke, dem ich angehöre, hat mich durchaus bestimmt, mit meiner Persönlichkeit, soweit mir dies irgend möglich war, nicht vor das deutsche Publikum zu treten, vor dem mir die Achtung fehlt. Ich wünsche, daß auch nach meinem Tode dasselbe mit meiner Individualität sich nichts zu schaffen mache. Meine Bücher mag man lesen, solange sie eben dauern; was ich gewesen bin, oder hätte sein sollen, geht die Leute nichts an.*" (zitiert nach: http://www.mommsen.de/theodor/jf.html)

Was hat dies nun mit Antisemitismus zu tun? Wie wir sahen, war Mommsen zwar in der Lage, eine *„große, aber längst entschwundene Vergangenheit"* zu finden, aber er konnte mir ihr langfristig nicht an die Gegenwart anknüpfen. Lassalle gelang dies nur insofern, als er die Gruppe wechselte, der er sich zugehörig fühlen wollte: Statt der Juden wurde es eine Mischung aus „Deutschen" und „Arbeiterklasse".

Zu einem ähnlichen Ergebnis kam auch Goebbels, wobei wir die Zäsuren in seinem Fall genau benennen können: Ende 1922 hatten ihm Freunde eine Stelle bei der Dresdner Bank in Köln organisiert, die anzutreten für den gewissenhaften Linken schon eine enorme Überwindung bedeutete. Die Folge war, dass er die Hyperinflation des Jahres 1923 dort erleben musste, wo er sie am wenigsten ertragen konnte: Im Zentrum der Spekulationsgeschäftemacherei. Wir können Reuth darin folgen, dass dies der Moment war, in dem Goebbels der Gesellschaft, in der er bislang gelebt hatte, nicht mehr angehören wollte; tatsächlich versuchte er, sich durch Krankschreibungen dem Druck zu entziehen, bis er wirklich krank wurde. Nicht verwunderlich, ekelte ihn nun auch der Reichtum der Katholischen Kirche an, der nicht dazu verwendet wurde, um die Not der Bevölkerung zu lindern. Und es sollte noch schlimmer kommen: Als sich Goebbels gerade dabei war, zu erholen, erfuhr er vom Tod jenes Richard Flisges, bei dem er sein extravertiertes Führungsbedürfnis befriedigte. Ende 1923 war Goebbels tatsächlich am Ende – nur um wenige Monate später eine Gemeinschaft zu finden, in der er sich verstanden und geborgen fühlte: den Nationalsozialisten.

Einem anderen Mitglied der NS-Führung gelang hingegen das Kunststück, die *„große, aber längst entschwundene Vergangenheit"* zur Aufhebung der „Sklavenmoral" der Gegenwart zu verwenden – und zwar mittels der Religion. Die Rede ist von Heinrich Himmler.

Als Rechter war der Oberbayer sein ganzes Leben über bemüht, einer religiösen Macht auf die Spur zu kommen. In solchen Fragen stellte Himmler einen hohen wissenschaftlichen Anspruch, brach deshalb mit dem Katholizismus und unterhielt mit dem Ahnenerbe später sogar eine komplette Forschungseinrichtung. Den Schlüssel fand er schließlich in Konzepten von Seelenwanderung und Wiedergeburt, durch die sich eine prinzipiell ununterbrochene Verbindung von Antike und Mittelalter bis in die Gegenwart herstellen ließ. Dass er diese Lösung fand, wirft drei Fragen auf.

Zum Einen: Wieso kooperierte Himmler in dieser Hinsicht nie mit Hitler? Es ist allzu auffällig: Beide waren religiös, beide stammten aus einem katholischen Elternhaus und beide hielten politisch lange zueinander – und doch fand der angeblich „gläubige Nationalsozialist" Himmler ausgerechnet in Glaubensfragen nicht mit seinem Führer zusammen. Ganz offensichtlich stillte er in Hitler lediglich sein extravertiertes, nicht aber sein religiöses Führungsbedürfnis, denn in religiöser Hinsicht war der Österreicher für ihn einfach nur eines jener Genies, die von Zeit zu Zeit geboren werden und zufälligerweise gerade dasjenige, das zu seiner Zeit lebte.

Vielleicht lässt sich unsere erste Frage mittels der zweiten beantworten: Womit füllte Himmler sein Glaubenskonstrukt? Longerich verweist in diesem Zusammenhang auf den Hang zu Konflikten, deren gewalttätiger Lösung, häufiges Wechseln der Sexualpartner und Ähnliches. Wir können es besser fassen: Himmler interpretierte die Überlieferung zu den Germanen und dem frühmittelalterlichen Deutschland im Sinne seiner Extraversion; sein vermeintliches Neuheidentum ist in Wahrheit nichts anderes als ein reiner Extraversionskult, der eine wissenschaftliche Begründung sucht. Das war übrigens auch der grundsätzliche Unterschied zu Hitler, dessen Glauben von Elementen seiner eigenen, von der Himmlers teils abweichenden Persönlichkeit geprägt war. Ein Beispiel: Introvertierte verfügen über eine ungewöhnlich effiziente Amygdala, das ist jener Teil des Gehirns, der für die Wahrnehmung von Gefahren verantwortlich ist. Sie wittern daher besonders schnell Probleme und haben rasch ein mulmiges Gefühl. Eine Situation, in der die Amygdala besonders schnell anschlägt, ist das Reden vor einem Publikum. Hitler hatte also stets ein mulmiges Gefühl, wenn er irgendwo öffentlich auftreten sollte. Fand nun bei einem solchen Auftritt ein Anschlag statt, so interpretierte der Österreicher die Aktivität seiner Amygdala nachträglich in einem religiösen Sinne als himmlische Warnung. Da er jeden dieser Anschläge überlebte, stärkten sie ihn in seinem Glauben, von der Vorsehung auserwählt zu sein, denn diese habe ihn ja zuvor schon mit einem unguten Gefühl gewarnt und schließlich so gewirkt, dass er verschont blieb. Für einen Extraversionskult war da, solange er nicht im Zusammenhang mit seiner Pseudoextraversion stand, kein Platz.

Damit sind wir bei der dritten Frage angelangt: Himmler studierte ein breites Spektrum an religiöser und historischer Literatur, wieso wurde er auf seiner Suche ausgerechnet bei der Überlieferung zu den Germanen fündig? Schließlich war das kein harmloser Spaß, denn Himmler machte seine Germanenvorstellungen zu einem zentralen Bestandteil seiner ganz auf extravertierte Konfliktlust ausgerichteten Weltformel. Anders kann man Longerichs Einschätzung gar nicht verstehen: „*Zwar durchzieht sein Denken und Handeln eindeutig eine bestimmte Konstante – das Leitmotiv des ewi-*

gen Kampfes 'germanischer' Helden gegen 'asiatische' Un-
termenschen –, doch war dieses Weltbild so allgemein und
vage gehalten, dass er es in ganz unterschiedlicher Form
auf die jeweilige politische Situation zuschneiden konnte."
(Longerich: Himmler, S. 769) Himmler blieb der Extraversion bei der Anwendung seiner Weltformel also stets treu:
Wer gewalttätig und konfliktorientiert agierte, stieg langsam
in den Bereich „*germanische Helden*" auf, wer dies nicht tat,
sank in den Bereich „*asiatische Untermenschen*" hinab.

Wieso wurde er also gerade bei der Überlieferung zu
den Germanen fündig? Hierfür ist eine längere Antwort nötig, und die sollte beim Judentum beginnen. Susan Cain interpretiert Moses als eine introvertierte Figur. Ich halte ihr
Urteil für durchaus relevant, denn sie beschäftigte sich nicht
nur intensiv mit Persönlichkeitspsychologie, sondern ist
auch die Enkelin eines Rabbiners, hat im Gegensatz zu den
meisten Interpreten also einen jüdischen Zugang zum Alten
Testament. Nun heißt das natürlich nicht, dass es im Judentum keine extravertierten Elemente gebe. Das ist schon deshalb nicht möglich, weil durch intro- und extravertierte Interpreten, solche mit hohen und solche mit niedrigen Werten
im Bereich Gewissenhaftigkeit usw. jede Religion auf die
Dauer Elemente verschiedener Persönlichkeitsmerkmale in
sich auf nimmt. Daher konnte Paul Lindau seinen Ferdinand
Lassalle auch wie folgt beschreiben: „*Lassalle selbst be-*
zeichnet sich wiederholt als einen echten vollblütigen Juden
– nicht als einen von der nachgiebigen Sorte, der sich schin-
den und placken läßt, er gehört zu den kampfeslustigen, zu
den thatkräftigen und revolutionären Juden –, der die
Schmach, die seinem Volke angethan wird, tief empfindet,
und der wie der Maccabäer Einer in der Tiefe seines Her-
zens den Wunsch trägt, mit dem Schwerte in der Hand ge-
gen seine Verfolger aufzustehen." (Lassalle; Lindau, S. 10 f.)
Dennoch: Die Galionsfigur des Judentums war introvertiert,
was heißt, dass sich vermutlich auch bei der frühen Ausge-

staltung dieser Religion ein Introvertierter besonders hervortat.

Genau hierin liegt nun ein entscheidender Unterschied zum Christentum, denn Jesus war ein offensichtlich ausgesprochen extravertierter Mensch. Darauf deutet nicht nur Folker Siegerts Einschätzung hin, dass die Angaben des Neuen Testaments zeitlich durchaus stimmen können, vorausgesetzt, Jesus sei permanent auf Achse gewesen. Auch die folgenden Merkmale seiner Religion scheinen mir unzweifelhaft zu sein:

Handlungsorientierung: Der Christ ist permanent dazu aufgerufen, zu handeln. Da Jesus links war – er lockerte religiöse Vorgaben und verabscheute Formen von Kapitalbesitz –, haben diese Taten im Dienste jener zu stehen, die über kein oder kaum Kapital verfügen.

Weltformel: Als Linker reduzierte Jesus die Zahl der jüdischen Gebote zwar deutlich, vereinigte jene, die übrigblieben, aber zu einer festen Weltformel. Jeder Christ ist stets verpflichtet, diese einzuhalten. *„An dieser Formel wird gut und böse gemessen, wird schön und häßlich bestimmt"*, um noch einmal Jungs Definition des extravertierten Denkens zu zitieren.

Totalitarismus: Die Zugehörigkeit zum Christentum ist nicht freiwillig, sondern es wird der Anspruch erhoben, dass das Christentum für alle Menschen verbindlich sei und sie deshalb zu ihrem Wohle dieser Religion beitreten müssten. Noch einmal Jung zum extravertierten Denken: *„Weil diese Formel dem Weltsinn entsprechend erscheint, so wird sie auch zum Weltgesetz, das immer und überall zur Verwirklichung gelangen muß, im einzelnen sowohl wie im allgemeinen. Wie der extravertierte Denktypus sich seiner Formel unterordnet, so muß es auch seine Umgebung tun zu ihrem eigenen Heil, denn wer es nicht tut, ist unrichtig, er widerstrebt dem Weltgesetz, ist daher unvernünftig, unmoralisch und gewissenlos."*

Belohnungssensitivität: Dem Christen wird für sein Christsein das Paradies als Belohnung versprochen, dem Nichtchristen droht als Strafe die Hölle.

Extravertierter Führerkult: Ob von ihm intendiert oder nicht: Spätestens kurz nach seinem Tod entwickelte sich ein extravertierter Führerkult um Jesus, der ihn zum herausgestellten Oberbefehlshaber im Dienste einer höheren Macht – Gott – stilisierte. Dieser Kult geht so weit, dass Jesus sogar selbst mit Gott identifiziert werden kann, zum Mindesten ist er Gottessohn.

Was für eine Religion eher ungewöhnlich ist, war es für die gesellschaftlichen Normen des europäischen Altertums ganz und gar nicht. Vor allem in einem Teil des antiken Mittelmeerraums waren extravertierte Ansichten wie ein Lobpreis des Militärs, permanenter innergesellschaftlicher Wettbewerb, das Streben nach Konflikten und der dadurch zu erlangenden gesellschaftlichen Anerkennung, die sich wiederum in Gewährung glanzvoller Paraden niederschlug, politik- und verhaltensbestimmend: in Rom. Wohl nicht zufällig finden wir hier eine Gesellschaft, die in ganz besonderem Ausmaß von belohnungssensitiver Aussicht aufs Beutemachen geprägt war. Ist es wirklich noch notwendig zu sagen, dass in Rom als der größte Stolz die Herkunft von einer angesehenen Familie galt und der größte Ruhm darin bestand, dieses Ansehen gemehrt zu haben?

Introvertierte hatten es in dieser Welt schwer. Ob er seine Rolle in dieser Komödie, die man Leben nenne, auch gut gespielt habe, soll daher Kaiser Augustus auf dem Sterbebett gefragt haben, schließlich war er dafür bekannt, bei Feiern auch mal als Letzter zu kommen und als Erster zu gehen, die begehrte Leitung militärischer Operationen anderen, geeigneteren Personen zu übergeben und gesellschaftliche Ehren nur anzunehmen, wenn ihm das politisch nötig erschien. Das sollte sich ändern, nachdem das Christentum als Staatsreligion erzwungen worden war, denn es verbreitete ja

auch das Alte Testament, in dem die Figur des Moses introvertiertes Verhalten legitimierte, beispielsweise den gesellschaftlichen Rückzug, um Zeit zum Nachdenken zu gewinnen. Innerhalb des römischen Kulturraumes konnte die
Durchsetzung der christlichen Religion daher auch die
Durchsetzung introvertierter Verhaltensnormen bewirken.

In der Folge entstand eine in zweifacher Hinsicht wi-
dersprüchliche Kultur: Zum Einen sind die christlichen
Rechten angehalten, sich desto mehr vom Faktor Kapital zu
distanzieren, je religiöser sie leben wollen, während gleichzeitig die Linken lange Zeit den stärksten Aufruf zur Kapi-
talkritik ausgerechnet in religiösen Texten fanden. Zum Anderen entstand in Europa das Regime einer extravertiert-to-
talitären Religion, die den Anspruch erhob, einziger Quell
und Garant einer Moral zu sein, die von ihrem Ursprung her
introvertiert ist. Dazu gehörte freilich auch, dass die Nichtchristen möglichst extravertiert dargestellt werden mussten.
Inwieweit diese Überlieferung der Wahrheit entspricht, ist
im Einzelfall unklar, denn in der Regel ist die geistige und
damit tendenziell eher introvertierte Elite einer Gesellschaft
mit der Christianisierung sprachlos untergegangen. Selbst
die relativ gute Überlieferung im germanischsprachigen
Raum umfasst in erster Linie Heldenlieder, also extravertierte Abenteuergeschichten, während vom geistigen Teil der
Kultur hauptsächlich das bekannt ist, was die Jahrhunderte
nach der Christianisierung in populärer Form überlebte.

Dabei konnten die Christen an antike Vorbilder anknüpfen, denn selbstverständlich hatten auch die Römer
nicht an introvertierten Gegnern scheitern können. Unmöglich, dass sie vor einem schweigsamen Grübler namens Hannibal erzitterten, obwohl die Überlieferung gar keinen Zweifel zulässt: Der Karthager verzichtete darauf, selbst aktiv mit
dem Schwert an seinen Schlachten teilzunehmen, was für
die Zeit ungewöhnlich war. Er verfügte über eine bis heute
beeindruckende Fähigkeit, Schlachten lageorientiert zu pla-

nen, und auch Livius erwähnt seine introvertierte „*Besonnenheit*", fehlende „*Genußsucht*" (zitiert wie auch die folgenden Zitate in der Übersetzung von Barceló, S. 9, 75) und, dass er in keinster Weise bemüht war, durch eine besondere Kleiderwahl herauszuragen. Doch diese Beschreibung kam eben nicht ohne extravertiertes Beiwerk auf, im Positiven („*Er zeigte Kühnheit in höchstem Grade [...] Er war der beste Soldat zu Pferd als auch zu Fuß.*") und vor allem im Negativen: Hannibal habe über „*eine unmenschliche Grausamkeit, eine mehr als punische Unredlichkeit*" verfügt. Dasselbe gilt übrigens für jenen Scipio Africanus, der Hannibal schließlich bezwingen sollte: Er war dafür bekannt, sich wann immer möglich in eine stille Ecke in einem Tempel zurückzuziehen. Mit einer ungewöhnlichen Distanz zum Pathos und gerade deshalb durchaus glaubhaft beschreibt Livius, wie Scipionis Umgebung darauf reagierte: Das lange Verweilen im Tempel konnte nur Ausdruck einer ungewöhnlich-überragenden römischen Frömmigkeit sein, die sich mit dem ungewöhnlich-überragenden römischen Militärgenie zum Gerücht von einem neuen, römischen Alexander verband. Undenkbar, dass Scipio einfach nur Ruhe zum Nachdenken suchte.

Aus dem doppelten Paradoxon des Christentums ergeben sich nun zahlreiche Probleme. So kann sich zur Gewalt berechtigt fühlen, wer gegen den christlichen Totalitarismus oder denjenigen einer christlichen Kirche rebelliert, denn er wird einerseits ohnehin als Inhaber extravertierter Normen gebrandmarkt werden, andererseits kann er den Bruch mit introvertierten Normen als Ausdruck des Bruchs mit der christlichen Bevormundung verstehen. Dabei können die vom Christentum konstruierten Feindbilder ihm selbst gefährlich werden: Himmler eröffnete erst die tendenziöse römisch-christliche Überlieferung zu den vor- und frühchristlichen Germanen eine Welt, in der er seine eigene Mischung aus Extraversion und Religiosität ausleben konnte. Der

Oberbayer wandte sich weniger deswegen vom Christentum ab, weil ihn dieses selbst störte, sondern weil das Christentum Feindbilder geschaffen hatte, die besser zu ihm passten.

Ein weiteres Problem ist der Zusammenfall von religiösem und extravertiertem Führungsbedürfnis im Christentum. Das erschwert dem Christen das Verständnis anderer Religionen, die diesen Zusammenfall – und daher eine extravertiert-religiöse Weltformel – nicht kennen, wie dies im Judentum der Fall zu sein scheint. Vor allem aber lässt dieser Zusammenfall alles als eine Art von Religion erscheinen, was im größeren Maße Formen extravertierten Verhaltens enthält. Das gilt insbesondere für verschiedene Formen von Führerkulten und frenetische Menschenmassen, die mit so spektakulären wie reizfreudigen Darbietungen bespaßt werden. Wir brauchen an dieser Stelle nicht unbedingt an den Faschismus zu denken. Wilhelm II., der wie Himmler an Seelenwanderung glaubte und Expeditionen zur Ahnenforschung in den Vorderen Orient schickte, aber an den eher drögen Kalvinismus gewöhnt war, war schon vom Katholizismus fasziniert, reizten ihn hier doch die Ehrerbietung gegenüber einem Führer (nämlich dem Papst) und die effektvoll gestalteten Messen.

Was Christentum und Faschismus eint, sind also nicht die religiösen, sondern die extravertierten Elemente. Ohne diese würde das Christentum nicht den Anspruch erheben, alleiniger Quell und Garant der Moral zu sein (dem Judentum scheint dieser Anspruch bezeichnenderweise zu fehlen), wie ihm ohne seine jüdische Herkunft der introvertierte Anteil fehlen würde, um überhaupt eine Moral zu enthalten. Bebel formulierte es von einem linken Standpunkt aus dereinst so: *„Der sogenannte gute Kern im Christentum, den Sie, aber ich nicht darin finde, ist nicht christlich, sondern allgemein menschlich, und was das Christentum eigentlich bildet, der Lehren- und Dogmenkram, ist der Menschheit feindlich.“* (Bebel: Christentum und Sozialismus, S. 16).

Freilich ergibt sich daraus auch ein großer Unterschied zwischen Christentum und Faschismus: Ersteres ermöglicht als Spielart des Judentums eben eine introvertierte Lesart, was die Geschichte eindrucksvoll bewiesen hat. Ähnlich, ja noch deutlicher liegen die Dinge beim Sozialismus: Die introvertierten Analysen eines Karl Marx und deren Interpretation durch die introvertierte Rosa Luxemburg gewinnen wieder Wertschätzung, je weniger beide mit dem Extraversionspostulat Lenins assoziiert werden. Dieser introvertierte Kern ist so stark, dass die extravertierteste Lesart des Marxismus, der Stalinismus, kaum ihren eigenen Schöpfer überlebte.

Genau umgekehrt verhält es sich nun mit dem Faschismus: Dieser ist zwar durch Mussolinis Entscheidung, seine Karriere auf ein Bündnis mit rechten Nationalisten und Sozialismusgegnern zu stützen, sowohl nationalistisch als auch antisozialistisch ausgerichtet, im Kern aber ein reiner Kult um die Persönlichkeit Mussolinis selbst, was heißt, dass er ein reiner Extraversionskult ist, der mit extravertierten Mitteln extravertierte Verhaltensweisen fordert und preist. Mangels introvertierter Elemente kann der Faschismus daher auch nicht auf einen introvertierten Kern oder eine introvertierte Moral zurückgeführt werden. Warum Mussolini seine „große Vergangenheit" für dieses Konstrukt gerade in der Kultur der römischen Antike finden konnte, sahen wir bereits.

Damit schließt sich der Kreis, und um das zu verstehen, wenden wir uns noch einmal Lassalle zu. Der verband einen Aufruf zum Klassenkampf per Wahlrecht mit einer eindringlicher Warnung: „*Näher und näher rückt die Zeit! Mahnend pocht sie mit ehernem Finger! Was heute noch Frage der nationalen Wiedergeburt – bald wird es selbst Frage der nationalen Existenz sein. Wir verlieren selbst diese, wenn wir jene nicht erobern!*

Sollte das das Schicksal des deutschen Geistes sein? Sollten wir wirklich ein Volk sein, wie unheilvolle Weissa-

gungen erklangen, bestimmt, den Völkern einzelne Denker zu geben und dann aufzugehen in sie, die Juden unter den Völkern Europas?" (zitiert nach Na'aman: Deutscher und Jude, S. 150)

Die Vorstellung, dass die Deutschen *„die Juden unter den Völkern Europas"* werden könnten, war keine Grille Lassalles, sondern Ausdruck der tiefsitzenden Skepsis der Deutschen gegenüber jener internationalen Ebene, die die Wiener Ordnung ermöglicht hatte. Dass es schlimm genug sei, in Kleinstaaten gespalten zu sein wie die Griechen und man nicht auch noch verstreut werden wolle wie die Juden, erklärte auch Friedrich Rückert. Ein Ilm-Athen ging an, denn die Griechen hatten es dank ihrer Kultur ja geschafft, die römische Herrschaft und – damals ganz aktuell – auch die osmanische zu überstehen. Das konnte den Deutschen Vorbild sein. Die Juden dagegen waren verstreut worden – für die Deutschen wäre das die „totale Niederlage" gewesen.

Vor allem für dem nationalen Lager zugehörige Deutsche musste es daher nahegelegen haben – erst recht, nachdem auf Wien 1815 auch noch Versailles 1919 gefolgt war –, sich als Nicht-Juden und die Juden als Nicht-Deutsche zu definieren, zumal die Juden auch noch mit jener internationalen Ebene assoziiert wurden, die gerade als größte Bedrohung der nationalen betrachtet wurde. Das Aufkommen des Faschismus von Italien aus dürfte diesen Effekt noch verstärkt haben, denn in diesem Extraversionskult mussten die Juden als Inbegriff des Gefährlich-Minderwertigen erscheinen, denn *„[d]iese Leute haben während der in der Sklaverei verbrachten Jahrhunderte auch die Eigenschaften der Sklaven angenommen,"* wie Lassalle meinte.

Wäre es da nicht sinnvoll, dem Faschismus mit extravertierten Maßnahmen zu begegnen? Schließlich sahen wir an Himmler, dass sich der Gegner auf diese Weise Respekt verschaffen kann. Jesus schürte zwar den Konflikt mit den jüdischen Priestern, beschränkte die Gewalt aber auf's Randalieren und empfahl sonst den gewaltfreien Widerstand, weil dieser angesichts der objektiven Überlegenheit Roms der effizientere Weg sei. Zu demselben Schluss kam Engels in seinem politischen Testament und Goebbels drängte Hitler zu einem friedlicheren Kurs, weil er die Unterlegenheit Deutschlands in einem möglichen Weltkrieg fürchtete. Doch darf man sich von einer solchen kurzfristigen Wirkung nicht täuschen lassen. Engels machte keinen Hehl daraus, dass er auch mit Mitte 70 am liebsten wieder auf einer Barrikade gekämpft hätte, Goebbels war das propagandistische Einpeitschen der Bevölkerung wichtiger als die Sprengung der objektiv überlegenen, gegnerischen Allianz. Lassalle plante, Preußen in eine erneute Revolution zu stürzen, indem er es durch Opposition im Landtag zum Staatsstreich zwinge, und auch Jesus traf Vorbereitungen, dass der Widerstand über seinen Tod hinaus in seinem Sinne erhalten bliebe; beispielsweise erhob er Petros zu seinem Nachfolger.

Am deutlichsten aber zeigt der Blick in die Antike, wie wenig es hilft, einem Extraversionskult mit Extraversion zu begegnen. Die Vorstellung, einen Kampf bis zum totalen Sieg oder zur totalen Niederlage zu führen, ist keine Erfindung des 20. Jahrhunderts, sondern war schon das Credo der römischen Armee, mit allen zugehörigen Folgen. So mochte die Tiberstadt zwar kurzzeitig vor einem Hannibal erzittert haben, doch bezahlte Karthago diesen Erfolg mit einem kultivierten Hass, der schließlich in der völligen Zerstörung der Stadt durch einen römischen Soldatenmob gipfelte; zu den Wenigen, die gegen diesen Hass auftraten, zählte übrigens nicht zufällig der introvertierte Scipio Africanus. Ähnlich hart traf es sechs Jahrzehnte später die Samniten: Unter Sulla wurde der römische „Erbfeind" schlechthin zum Ziel einer ethnischen Säuberung. Dass das auch zu Kritik unter Zeitgenossen führte, half den Samniten herzlich wenig. Einem Extraversionskult mit extravertierten Mitteln zu begegnen, verringert offensichtlich nicht dessen Gewaltbereitschaft.

Freilich würde es auch nichts bringen, Extravertierte zu Introvertierten erziehen zu wollen. Das wäre, wie gesehen, schon rein biologisch nur in begrenztem Maße möglich, und Personen wie Robespierre und Goebbels zeigen eindrücklich, dass selbst Extravertierte, die ihre Belohnungssensitivität durch Pseudointroversion befriedigen, mental doch immer Extravertierte bleiben.

Sinnvoll scheint es dagegen zu sein, Extravertierte auf ihre Schwächen hinzuweisen und herauszustellen, wann ein Erfolg auf introvertierten Fähigkeiten beruht. So sind die Errungenschaften, die die Introvertierten unter dem Mantel des Christentums im Falle des römischen Kernlandes erreichten, nicht von der Hand zu weisen: Als die Römer der Antike mit der griechischen Wissenschaft in Kontakt kamen, übernahmen sie, was ihnen nützlich erschien, und blickten auf den Rest mit hochmütiger Verachtung. Knappe zwei Jahrtausende später gierten ihre Nachfahren nicht nur nach demselben Wissen, sie waren nun auch in der Lage, es eigenständig fortzuentwickeln und etwas völlig Neues zu schaffen: die Renaissance.

Der positive Einfluss von Introvertierten auf ihre extravertierte Umgebung wird aber auch in ganz persönlichen Fällen deutlich: So verdankt sich Engels' zunehmende Absage an eine gewalttätige Revolution zum Teil der vielen Gespräche mit Marx, der politische Gewalt eben nur dann für berechtigt hielt, wenn alternative Wege nicht gegeben waren. Hitler überzeugte Goebbels zunächst von einem legalen Weg der Regierungsübernahme und später immer wieder, dass eine totale Kriegsführung (noch) nicht nötig sei. Freilich zeigt gerade der Österreicher, dass ein solcher mäßigender Effekt elementar davon abhängt, dass Introvertierte ihre Introversion auch anerkennen und ausleben und sich nicht genötigt sehen, zu Pseudoextravertierten zu werden. Einfacher formuliert: Es ist für eine Gesellschaft essenziell, ob sich ihre Denker eher zu Marxens, Bebels, Webers oder Hitlers entwickeln. Meine Entscheidung fällt eindeutig zugunsten der Marxens, Bebels und Webers aus, und das erwarte ich auch von Ihnen als Leser.

Leider scheint sich die Welt aber eher in Richtung Hitler zu entwickeln, denn wie Susan Cain darlegt, driftet unsere Gesellschaft immer mehr in Richtung eines Extraversionskultes ab. Psychoanalytiker sprechen in diesem Zusammenhang vom „Zeitalter des Narzissmus", und es dürfte nach dem bisher Geschriebenen nicht mehr verwundern, dass Felix Römer die deutsche Gesellschaft der NS-Zeit als „narzisstische Volksgemeinschaft" identifizierte. Dennoch halte ich Cains persönlichkeitspsychologische Herangehensweise aus drei Gründen für sinnvoller. Erstens ist die Extraversion biologisch definier- und experimentell messbar, das heißt, Extravertierte verhalten sich extravertiert, weil sie aufgrund ihrer Biologie extravertiert sind und nicht, weil ihnen die Gesellschaft dies vorschreibt. Es wäre unsinnig, Menschen davon „heilen" zu wollen, und die Gesellschaft kann sich auf den Umgang mit Menschen mit dieser speziellen Biologie einstellen. Der Narzissmus hingegen ist biologisch nicht messbar und im übrigen auch gar nicht definiert, respektive es existieren unzählige psychologische und kulturelle Definitionen, je nachdem, was man gerade als narzisstisch betrachten will und wie man dazu steht. Die einzige Ausnahme bildet die narzisstische Persönlichkeitsstörung, die tatsächlich behandlungswürdig ist. Die Anzahl der narzisstisch Gestörten nimmt aber in der Gesellschaft trotz sich verändernder kultureller Normen nicht zu, ebenso wenig, wie die Zahl der biologisch Extravertierten zunimmt. Es scheint psychologisch also keinen Grund zu geben, die Diagnose eines „Zeitalters des Narzissmus" jener eines „Zeitalters der Extraversion" vorzuziehen.

Zweitens bezeichnet Extraversion nicht nur ein experimentell leichter abgrenzbares, sondern auch umfassenderes

Phänomen. Dass der Wandel hin zum „Zeitalter des Narzissmus" weit komplexer ist, als die Beschränkung auf den Narzissmus suggeriert, wird von Cain meiner Meinung nach
überzeugend dargelegt. Zu ihm gehören beispielsweise auch
die Abwertung der Einzelarbeit und die Vorstellung, dass gesellschaftlicher Rückzug als krankhaft zu betrachten sei. Der
Lob des Narzissmus ist gewissermaßen nur der auffälligste
Bestandteil dieses Wandels, in jedem Fall schärft die Verwendung des Konzeptes der Extraversion den Blick auf die
Gesamtproblematik.

Damit werden durch Cains Zugang drittens die negativen Aspekte eines „Zeitalters des Narzissmus" deutlicher.
Wer nur den Narzissmus betrachtet, nimmt hauptsächlich jene Extravertierten in den Blick, die ihrer Extraversion allzu
freien Lauf lassen. Damit wird zwar durchaus ein Gespür
dafür gewonnen, welche direkten Schäden ein Übermaß an
extravertierten Normen für eine Gesellschaft haben kann –
aber es besteht die Gefahr, dass die indirekten übersehen
werden. Hierzu zählt nicht nur, dass ein Fünftel der Gesellschaft für krank erklärt wird, weil es den extravertierten
Normen nicht entspricht, und es beschränkt sich nicht einmal darauf, dass sich dieses Fünftel tatsächlich in den biolo-
gisch-psychischen Ruin treibt, sobald es versucht, „normal"
zu sein. Wir haben das Elend noch nicht einmal zur Gänze
erfasst, wenn wir bedenken, dass diese Introvertierten wie
Hitler seit den 1920er Jahren pseudoextravertierte Analysen
leisten, weil sie ihre eigenen, introvertierten Ansichten für
krank halten, nein: Wir laufen sogar Gefahr, Analysen introvertierter Denker misszuverstehen, weil wir es als falsch und
unmöglich betrachten, dass sie introvertiert zu verstehen sei-
en, und legen uns damit auf extremistische Deutungen und
Lesarten fest.

Werfen wir daher zum Abschluss ein paar Streiflichter
auf diese Entwicklung. Schalten Sie einfach Ihr Radio oder
Ihren Fernseher ein und Sie werden sehen, wie Ihnen nicht

nur eine „Kraft-durch-Freude"-Moral (vulgo: Spaßgesell-
schaft) angepriesen, sondern – und das scheint mir das grös-
sere Problem zu sein – jede andere Auffassung als falsch
und durch Spaß und Parties zu behandeln präsentiert wird.
Dem Sherlock Holmes des 19. Jahrhunderts war es noch erlaubt, einen ausgiebigen gesellschaftlichen Rückzug zum
Nachdenken zu verwenden und sich unter Menschen beinahe preußisch-hölzern zu bewegen. Hätte man ihn zur Eile
beim Denken aufgefordert, hätte er wohl mit Sigmund Freud
geantwortet: „*Meine Art zu arbeiten war früher eine andere,
ich pflegte zu warten, bis mir ein Einfall kam. Jetzt gehe ich
ihm entgegen, ich weiß nicht, ob ich ihn darum schneller
finden werde.*" (zitiert nach Alt, S. 598)
    Holmes' Nachfolgern im frühen 21. Jahrhundert wird
diese Zeit zum Nachdenken nicht mehr gewährt; sie haben
dem Einfall entgegenzugehen und ihn zu finden, egal, wie
sehr sie dabei auch an der Realität vorbeimarschieren. Im
Grunde werden uns Introvertierte heute als regelrechte
Hochleistungsdenker präsentiert, die Geistesblitze unter
möglichst hohem Druck empfangen, und dass, obwohl Introvertierte unter Druck eigentlich besonders schlecht arbeiten.
Immerhin wird Holmes' Erben während der Arbeit noch die
Zeit gewährt, die eine oder andere Schrulle auszuleben. Ist
das Werk jedoch getan, haben sie sich einem Umerziehungs-
programm zu unterziehen, dass sie zum „Normalmenschen",
also zum extravertierten Spaßvogel, umprogrammieren soll.
Freilich: Im Grunde haben sie noch Glück, wenn man ihnen
lediglich eine Umerziehung zumutet. Immer häufiger werden Introvertierte als Kranke dargestellt, die man wegen ihrer geistigen Nützlichkeit eher toleriert als anerkennt. Dass
er kein Psychopath, sondern ein hochfunktionaler Soziopath
sei, erklärt beispielsweise eine 2010 geschaffene Figur aus
dem Frankenstein-Labor der BBC, die offensichtlich durch
ein Schreibfehler statt „Adolf" den Namen „Sherlock" erhielt, denn: Hätte Doyles Holmes je von sich behauptet,

nicht ein ganzer, sondern nur ein halber Irrer zu sein? Und was sagt es über unser eigenes Weltbild, dass wir unsere Denker nur noch als Geisteskranke auffassen? Verhält sich unsere Kultur ihnen gegenüber nicht längst schon so, wie es die NS-Führung gegenüber Hitler tat: Hält sie für krank, wenn sie sich gesund, und hält sie für gesund, wenn sie sich krank verhalten?

Bedenklicherweise ist diese Entwicklung nicht auf fiktive Charaktere beschränkt, sondern wirkt sich auch auf die Darstellung realer Personen aus. So ist bei Albert Einstein das Bild vom lustigen Onkel ikonisch geworden, der dem Photographen keck die Zunge entgegenstreckt. Dass er als Mensch Teamwork verabscheute, weiß hingegen kaum jemand, was schädlich ist, wenn Einstein als Vorbild dienen soll, denn dann dient nicht der echte Mensch als Vorbild, sondern ein kulturelles, realitätsverfälschendes Klischee. Das vermittelt Extra-, Ambi- und Introvertierten nicht nur eine völlig falsche Vorstellung davon, wie große Denker tatsächlich sind, es führt eben auch dazu, dass es den Leuten immer schwieriger fällt, sie zu verstehen. So begreifen Biographen heute kaum noch, dass Marx hart arbeiten – also intensiv grübeln – konnte, wenn er still im Bett lag und seine Gedanken wälzte. Richtig gefährlich ist schließlich die schon angedeutete Tendenz, die Ideen introvertierter Denker an jener Weltformel zu messen, die sich Extravertierte aus ihnen basteln. Wer Marx durch die Augen eines Josef Stalin betrachtet, muss sich ernsthaft fragen, ob er überhaupt noch fähig ist, das Original zu verstehen – und er muss sich fragen, ob er das Missverständnis nicht fördert, indem er die extravertierte Interpretation legitimiert.

Vielleicht sind das die wichtigsten Punkte, die Sie aus diesem Essay mitnehmen können: Dass wir den Extravertierten eine Gemeinschaft bieten müssen, auf die sie stolz sein können, die Selbstkritik nicht aus- und den Grundsatz einschließt, den Stolz anderer Gemeinschaften auf sich selbst zu respektieren. Sollte diese Gemeinschaft im politischen Bereich gesucht werden, so wäre die Einbindung in ein Mehrebenensystem zu berücksichtigen. Schaffen wir das nicht, laufen wir Gefahr, dass sich die Extravertierten von uns abwenden – nicht wegen der mangelnden Güte unserer Argumente, sondern weil sie keiner Gemeinschaft angehören wollen, die Ihnen keinen Grund zum Stolze gibt.

Auf der anderen Seite muss der Kotau vor der Extraversion aber seine Grenzen kennen, und dafür brauchen wir, darin sind sich die Persönlichkeitspsychologen einig, die Introvertierten. Aber wir brauchen nicht nur die Introvertierten an sich, wir brauchen sie als Introvertierte, die sich ihrer Introversion bewusst sind und sie bewusst vertreten. Wir brauchen die Marxens, die Bebels und die Webers, die ihre Umgebung das richtige Maß aus Bedenken, Prüfen und Handeln zu geben suchen, aber nicht die Hitlers, die sie in ihren extravertierten Fehlern noch bestärken zu müssen meinen.

Hierzu gehört auch, dass wir aufhören müssen, unsere Gesellschaft rechts zu denken, zumal dieses rechte – also religiöse – Denken durch seine christliche Prägung stets darauf hinauslaufen wird, die Menschen nach vermeintlichen Weltformeln zu ordnen. Freilich müssen, ganz wie Bebel schrieb, die Rechten die Möglichkeit behalten, ihr religiöses Führungsbedürfnis zu befriedigen. Doch darf dies nicht zu einer Bevormundung der Linken führen, dies nicht nur eine Zumutung ist, sondern auch schädlich sein kann. Daher seien Sie zum Abschluss noch einmal daran erinnert: Wäre Joseph Goebbels eine Jugend ohne Gott beschieden worden, wäre er wohl kein Anhänger Adolf Hitlers geworden.

Nachtrag: Hätte aus Hannibal Barkas Hannibal Lector werden können?

Über zweitausend Jahre nach seinem Tod sollte der Nachruhm Hannibal Barkas' einen ungewöhnlichen Wandel erfahren: Aus dem größten Militärstrategen der Geschichte wurde eine Kultfigur der Horrorliteratur, Thomas Harris benannte seinen traumatisierten Kannibalenpsychiater nach ihm. Es ist anzunehmen, dass dessen Popularität nicht zuletzt auf der Namenswahl beruht, zu faszinierend ist wohl die Ähnlichkeit zwischen dem allgemein bekannten Feldherrn, der als Person durch die Quellen nicht einmal schemenhaft erkennbar wird, und dem emotionslosen, Menschen zerteilenden Forensiker. In der ganz auf die außergewöhnliche Form des Tötens reduzierten Preisgabe des Persönlichen liegt die Verbindung. Doch hätte der reale Hannibal Barkas jemals zu einem Hannibal Lector werden können?

Ich denke, das als Abschluss dieses Buches fast mit Sicherheit verneinen zu können. Als der echte Hannibal nach dessen Niederlage am Metaurus den abgeschlagenen Kopf seines Bruders zugesandt bekam, reagierte er nicht etwa mit einem extravertierten Rachefeldzug, sondern tat – nichts, und das wenigstens über Monate. Diese Reaktion entspricht genau dem, was nach Julius Kuhl von einem Introvertierten zu erwarten ist. Und auch, als sich fünf Jahre später die Schlacht von Zama anbahnte, sah der ungeschlagene karthagische Feldherr nicht die Gelegenheit für Rache oder ein Blutbad, sondern versuchte, den Kampf durch Verhandlungen abzuwenden, was zum berühmten, direkten Gespräch mit Scipio Africanus führte.

Säßen Sie also mit Hannibal Barkas in einem Raum, würde der ihnen zwar emotionslos erscheinen, aber Sie müssten kaum befürchten, dass sich Ihr Gegenüber als ein Hannibal Lector entpuppen könnte. Etwas anders verhält es sich mit zwei anderen in diesem Buch porträtierten Personen: Liest man Berichte über Attentäter, werden diese häufig mit Begriffen wie „unauffällig" und „einzelgängerisch" beschrieben, was auf den ersten Blick eine introvertierte Persönlichkeit nahelegt. Beim genaueren Hinsehen wird jedoch deutlich, dass die meisten dieser Personen entweder dem Goebbels- oder dem Himmler-Typus entsprechen: Sie sind entweder aggressiv, bärbeißig, handlungsorientiert und haben sich für eine falsche Karriere entschieden, sodass sie ihr Bedürfnis nach Belohnung und gesellschaftlicher Anerkennung nicht mehr auf regulärem Wege befriedigen können. Oder sie sind handlungsorientiert und ausgenommen freundlich, zuweilen auch redselig und leicht für Anregungen empfänglich, ihre Extraversion außerhalb ihrer gewohnten Umgebung doch auszuleben. Nicht eine seltsame Form der Introversion, sondern eine verdeckte Extraversion scheint den Hintergrund der meisten Attentate zu bilden. Sollten Sie daher unter denselben Problemen wie Goebbels oder Himmler leiden, vertrauen Sie sich bitte einem Freund an, der besser nachdenken kann als Sie selbst. Und lassen Sie ihm etwas Zeit, um Ihre Situation zu überdenken.

Auf der anderen Seite steht da natürlich das Scheitern des Gesprächs zwischen Hannibal und Scipio, sodass es doch zur Schlacht kam. Vermutlich war es Scipio, der zu keinem Abkommen mehr bereit war, nachdem die Karthager den von ihm ursprünglich ausgehandelten Vertrag gebrochen hatten. Doch auch Hannibal reagierte nach Zama völlig anders als nach Metaurus: Statt in Tatenlosigkeit zu verfallen, ging der größte Feldherr der Antike in die Politik und wurde zu einem der größten Staatsmänner der Antike. Binnen weniger Jahre sorgte er für demokratische Verfassungsreformen, deckte mehrere Korruptionsskandale auf und reorganisierte die Finanzverwaltung, sodass Karthago in der Lage war, die römischen Reparationsforderungen zu erfüllen. Erst, als Teile der Oberschicht gegen diesen Reformkurs intrigierten und dazu am Tiber Stimmung gegen den Feldherrn machten, floh Hannibal in Richtung Osten – und versuchte nun unermüdlich, einen weiteren großangelegten Krieg gegen Rom zu organisieren.

Warum sich Hannibal und Scipio so verhielten, dürfte nach dem Lesen dieses Büchleins nicht klar sein, worauf ich Sie explizit hinweisen möchte. Lag es an ihrer Introversion? Waren sie vielleicht ausgesprochen gewissenhaft? Ich habe mich über die Auswirkungen dieses Persönlichkeitsmerkmals gar nicht geäußert, obwohl es sowohl bei Goebbels als auch bei Himmler zumindest durchschnittlich, eher überdurchschnittlich ausgeprägt war. Das erscheint umso bedauerlicher, als Brian Little darauf verweist, dass ordnungsliebende Menschen schwerer als andere mit Veränderungen zurechtkommen, was gerade für jene Relevanz besitzen muss, die auf die zahlreichen Umbrüche und Neuerungen seit 1918 oder die Betonung des preußischen Ordnungssinns für den Nationalsozialismus verweisen. Allerdings: Von preußischem Ordnungssinn – also einer ausgeprägten persönlichen Gewissenhaftigkeit – erfüllt waren auch Friedrich Engels und August Bebel – Letzterer konnte sich schon über einen unangemessen gekleideten Genossen echauffieren –, was sie jedoch nicht davon abhielt, auf die Revolution oder den großen Kladderadatsch zu hoffen.

Mein Büchlein liefert Eines also nicht: Eine Weltformel, an der Sie jetzt „gut und böse messen" könnten. Was Sie gelesen haben, war lediglich eine erste, introvertierte Rahmenermessung darüber, wie die Persönlichkeit Teile der Geschichte beeinflusst hat. Sie dürfen hieraus introvertierte (!) Schlussfolgerungen ziehen, und wenn Sie das verstanden haben, dann haben Sie schon eine ganze Menge verstanden.

Literaturverzeichnis

Anmerkung: Alle zu Goebbels zitierten Tagebucheinträge sind der von Elke Frölich erstellten Edition entnommen und dort unter dem entsprechenden Datum auffindbar.

Die vom Institut für Marxismus-Leninismus beim ZK der SED herausgegebenen Werke von Marx und Engels wurden im Text, wie allgemein üblich, als „MEW" abgekürzt.

O. A.: Protokolle über die Verhandlungen des außerordentlichen Landtags im Großherzogtum Sachsen=Weimar=Eisenach, Bd. II: Von der 37. Sitzung am 27. Mai 1918 bis zur 59. Sitzung am 14. November 1918, Weimar o. J.

O. A.: Protokoll über die Verhandlungen des Parteitages der Sozialdemokratischen Partei Deutschlands, Abgehalten zu Dresden vom 13. bis 20. September 1903, Berlin 1903.

O. A.: Verhandlungen des Reichstags, XIII. Legislaturperiode, II.Session, Bd. 306, Stenographische Berichte, Von der Eröffnungssitzung am 4. August 1914 bis zur 34. Sitzung am 16. März 1916, Berlin 1916.

ALT, Peter-André: Sigmund Freud – Der Arzt der Moderne – Eine Biographie, München 2016.

AMELANG, Manfred; BARTUSSEK, Dieter; STEMMLER, Gerhard; HAGEMANN, Dirk: Differentielle Psychologie und Persönlichkeitsforschung, 6., vollständig überarb. Aufl., Stuttgart 2006.

ANDERSON, Margaret Lavinia: Lehrjahre der Demokratie – Wahlen und politische Kultur im Deutschen Kaiserreich (= Beiträge zur Kommunikationsgeschichte, Bd. 22), Stuttgart

2009.

ARON, Elaine E.: Sind Sie hochsensibel? – Wie Sie Ihre Empfindsamkeit erkennen, verstehen und nutzen, 12. Aufl., München 2018.

BARCELÓ, Pedro: Hannibal, 2., überarb. Aufl., München 2003.

BEBEL, August: Aus meinem Leben, ungekürzte Neuausgabe, Bonn 1997.

DERS.: Christentum und Sozialismus – Eine religiöse Polemik zwischen Herrn Kaplan Hohoff in Hüffe und A. Bebel, Berlin 1906.

BLANNING, Tim: Friedrich der Große – König von Preußen – Eine Biographie, München 2018.

BLASCHKE, Karlheinz: Johann Georg III., in: NDB, Bd. 10, Berlin 1974, S. 527.

BOBBIO, Norberto: Rechts und Links – Gründe und Bedeutungen einer politischen Unterscheidung, Berlin 1994.

BRUSATTE, Steve: Aufstieg und Fall der Dinosaurier – Eine neue Geschichte der Urzeitgiganten, München 2018.

CAIN, Susan: Still – Die Kraft der Introvertierten, akt. u. erw. Taschenbuchausgabe, 8. Aufl., München 2013.

DIAMOND, Diana: Narzissmus als klinisches und gesellschaftliches Phänomen, in: KERNBERG, Otto F.; HARTMANN, Hans-Peter: Narzissmus – Grundlagen – Störungsbilder – Therapie, Stuttgart 2006, S. 171-204.

ELBERN, Stephan: Schwert und Geist – Bedeutende Heerführer des Altertums, Darmstadt, Mainz 2012.

ETTINGER, Elżbieta: Rosa Luxemburg – ein Leben, Bonn 1990.

FORSYTHE, Gary: A critical History of early Rome – From Prehistory to the First Punic War, Berkeley, Los Angeles, London 2005.

FRÖHLICH, Elke (Hrsg.): Die Tagebücher von Joseph Goebbels, Teil I Aufzeichnungen 1923-1941, Bd. 1/I Oktober 1923 – November 1925, bearb. v. Angela HERMANN, München 2004.

FRÖLICH, Paul: Rosa Luxemburg – Gedanke und Tat, Berlin 1990.

FUNK, Albert: Föderalismus in Deutschland – Vom Fürstenbund zur Bundesrepublik, Bonn 2010.

GATHMANN, Peter; PAUL, Martina: Narziss Goebbels – Eine psychohistorische Biografie, Wien, Köln, Weimar 2009.

GERHARDS, Thomas: Heinrich von Treitschke – Wirkung und Wahrnehmung eines Historikers im 19. und 20. Jahrhundert (= Otto-von-Bismarck-Stiftung, Wissenschaftliche Reihe, Bd. 18), Paderborn u.a. 2013.

GIBBELS, Ellen: Hitlers Nervenkrankheit – Eine neurologisch-psychiatrische Studie, in: Vierteljahreshefte für Zeitgeschichte, 42. Jg. (1994), Heft 2, S. 155-220.

GOLDBERG, Hans-Peter: Bismarck und seine Gegner – Die politische Rhetorik im kaiserlichen Reichstag (= Beiträge zur Geschichte des Parlamentarismus und der politischen Parteien, Bd. 112), Düsseldorf 1998.

GOLTZ, Andreas: Mommsens Germanenbild, in: DEMANDT, Alexander; GOLTZ, Andreas; SCHLANGE-SCHÖNINGEN, Heinrich (Hrsg.): Theodor Mommsen – Wissenschaft und Politik im 19. Jahrhundert, Berlin, New York 2005, S. 226-225.

GÖRTEMAKER, Heike B.: Hitlers Hofstaat – Der innere Kreis im Dritten Reich und danach, München 2020.

HARTMANN, Hans-Peter: Narzissmus und narzisstische Persönlichkeitsstörungen, Göttingen 2018.

HUNT, Tristram: Friedrich Engels – Der Mann, der den Marxismus erfand, 2. Aufl., Berlin 2017.

INSTITUT FÜR MARXISMUS-LENINISMUS BEIM ZK DER SED (Hrsg.): Karl Marx – Friedrich Engels – Werke, Bd. 18, Berlin 1976.

DASS. (Hrsg.): Karl Marx – Friedrich Engels – Werke, Bd. 30, Berlin 1974.

DASS. (Hrsg.): Karl Marx – Friedrich Engels – Werke, Bd. 31, Berlin 1965.

JEHNE, Martin: Die Römische Republik – Von der Gründung bis Caesar, München 2006.

JEISMANN, Michael: Das Vaterland der Feinde – Studien zum nationalen Feindbegriff und Selbstverständnis in Deutschland und Frankreich 1792-1918 (= Sprache und Geschichte, Bd. 19), Stuttgart 1992.

Jung, Carl Gustav: Psychologische Typen (= Edition C. G. Jung, Bd. 6), 4. Aufl., Ostfildern 2019.

Kautsky, Luise (Hrsg.): Rosa Luxemburg – Briefe an Karl und Luise Kautsky (1896-1918), Berlin 1923.

Kershaw, Ian: Hitler 1889-1936, Stuttgart 1998.

Koop, Volker: Martin Bormann – Hitlers Vollstrecker, Wien, Köln, Weimar 2012.

Langewiesche, Dieter: August Bebel – Repräsentant der deutschen Arbeiterbewegung, in: o. A.: August Bebel – Repräsentant der deutschen Arbeiterbewegung (= Kleine Schriften Stiftung Reichspräsident-Friedrich-Ebert-Gedenkstätte, Nr. 7), Heidelberg 1991, S. 11-25.

Lassalle, Ferdinand; Lindau, Paul: Ferdinand Lassalles Tagebuch, undat. Nachdruck von: Lindau, Paul (Hrsg.): Ferdinand Lassalles Tagebuch, Breslau 1891.

Lazarsfeld, Paul Felix; Berelson, Bernard; Gaudet, Hazel: Wahlen und Wähler. Soziologie des Wahlverhaltens, Neuwied, Berlin 1969.

Lipset, Seymour Martin: Die Wahl als Ausdruck des demokratischen Klassenkampfs, in: Büsch, Otto; Steinbach, Peter (Hrsg.): Vergleichende europäische Wahlgeschichte – Eine Anthologie – Beiträge zur historischen Wahlforschung vornehmlich West- und Nordeuropas (= Einzelveröffentlichungen der Historischen Kommission zu Berlin, Bd. 39, Reihe Anthologien, Bd. 3), Berlin 1983, S. 85-124.

Ders.; Rokkan, Stein: Cleavage Structures, Party Systems, and Voter Alignments – An Introduction, in: Dies. (Hrsg.):

Party Systems and Voter Alignments – Cross-National Perspectives, New York, London 1967, S. 1-64.

LITTLE, Brian: Mein Ich, die anderen und wir – Die Psychologie der Persönlichkeit und die Kunst des Wohlbefindens, Heidelberg 2015.

LÖHKEN, Sylvia: Intros und Extros – Wie sie miteinander umgehen und voneinander profitieren, München, Berlin 2016.

LONGERICH, Peter: Heinrich Himmler – Biographie, München 2008.

DERS.: Joseph Goebbels – Biographie, München 2010.

LÖSCHE, Peter; WALTER, Franz: Die FDP – Richtungsstreit und Zukunftszweifel, Darmstadt 1996.

MAREK, Dieter: Biographien der Regierungsmitglieder (Minister und Staatsräte), in: POST, Bernhard; WAHL, Volker (Hrsg.): Thüringen-Handbuch – Territorium, Verfassung, Parlament, Regierung und Verwaltung in Thüringen 1920 bis 1995 (= Veröffentlichungen aus thüringischen Staatsarchiven, Bd. 1), Weimar 1999, S. 552-648.

MARX, Karl; ENGELS, Friedrich: Kritik des Gothaer Programms, Berlin 1984.

MERSEBURGER, Peter: Der schwierige Deutsche – Kurt Schumacher – eine Biographie.

MOMMSEN, Theodor: Auch ein Wort über unser Judenthum, Berlin 1880.

113

NA'AMAN, Shlomo: Ferdinand Lassalle – Deutscher und Jude – Eine sozialgeschichtliche Studie, Hannover 1968.

DERS.: Lassalle, Hannover 1970.

NASSEHI, Armin: Die letzte Stunde der Wahrheit – Warum rechts und links keine Alternativen mehr sind und die Gesellschaft ganz anders gedacht werden muss, Hamburg 2015.

Neue Preußische Zeitung (Kreuz=Zeitung), Nr. 367 vom 7.8.1914.

NEUMANN, Hans-Joachim; EBERLE, Henrik: War Hitler krank? – Ein abschließender Befund, Köln 2009.

NIPPERDEY, Thomas: Deutsche Geschichte 1800-1866 – Bürgerwelt und starker Staat, München 1983, 2013.

DERS.: Deutsche Geschichte 1866-1918, Bd. II: Machtstaat vor der Demokratie, mit einem Nachwort von Paul NOLTE, München 1992, 2013.

OBST, Michael A.: „Einer nur ist Herr im Reiche" – Kaiser Wilhelm II. als politischer Redner (= Wissenschaftliche Reihe Otto-von-Bismarck-Stiftung, Bd. 14), Paderborn (u.a.) 2010.

PABST, Angelica: Kaiser Augustus – Neugestalter Roms, Stuttgart 2014.

PYTA, Wolfram: Hitler – Der Künstler als Politiker und Feldherr – Eine Herrschaftsanalyse, München 2015.

RADKAU, Joachim: Max Weber – Die Leidenschaft des Denkens, München 2005.

RAMM, Thilo: Ferdinand Lassalle – Der Revolutionär und das Recht (= Juristische Zeitgeschichte, Abt. 4, Bd. 8), Berlin 2004.

REBENICH, Stefan: Theodor Mommsen – Eine Biographie, München 2002.

REIF, Karlheinz; SCHMITT, Hermann: Nine second-order national elections – a conceptual framework für the analysis of European Results, in: European Journal of Political Research 8 (1980), S. 3-44.

REUTH, Ralf Georg: Goebbels – Eine Biographie, überarb. u. erw. Neuausgabe, München 1990, 2012.

ROHE, Karl: Wahlen und Wählertraditionen in Deutschland – Kulturelle Grundlagen deutscher Parteien und Parteiensysteme im 19. und 20. Jahrhundert, Frankfurt/Main 1992.

RÖHL, John C. G.: Wilhelm II. – Die Jugend des Kaisers 1859-1888, München 1993.

RÖMER, Felix: Die narzisstische Volksgemeinschaft – Theodor Habichts Kampf 1914 bis 1944, Frankfurt/Main 2017.

SCHIEDER, Wolfgang: Benito Mussolini, München 2014.

SCHMIDT, Jürgen: August Bebel – Kaiser der Arbeiter, Zürich 2013.

SCHMITZ, Walter (Hrsg.): Gedichte – Friedrich Rückert, Stuttgart 1988.

SCHULTZ, Uwe: Der König und sein Richter – Ludwig XVI und Robespierre – eine Doppelbiographie, München 2012.

SEEGER, Andreas: „Gestapo-Müller" – die Karriere eines Schreibtischtäters, Berlin 1996.

SIEGERT, Folker: Das Leben Jesu – eine Biographie aufgrund der vorkanonischen Überlieferungen, Göttingen 2010.

SPAHN, Hannah: Thomas Jefferson, time, and history, Charlottesville, London 2011.

SPERBER, Jonathan: Karl Marx – Sein Leben und sein Jahrhundert, München 2013.

DERS.: The Kaiser's voters – Electors and elections in Imperial Germany, Cambridge 1997.

STORM WESCHE, Anne-Sofie: Kirsten Walther – To roller – Ét liv, Kopenhagen 2015.

STROTMANN, Angelika: Der historische Jesus – eine Einführung, 2., akt. Aufl., Paderborn 2015.

STRÖTZ, Jürgen: Wilhelm II. und der Katholizismus, in: SAMERSKI, Stefan (Hrsg.): Wilhelm II. und die Religion – Facetten einer Persönlichkeit und ihres Umfelds (= Forschungen zur brandenburgischen und preußischen Geschichte, Neue Folge, Beiheft 5), Berlin 2001, S. 171-198.

STÜCKRAD, Juliane: „Musspreußen" im Elbe-Elster-Kreis – Identitätsdebatten und Gebietsregelungen nach 1815, in: BREITENBORN, Konrad; PÖGE-ALDER, Kathrin: 1815-2015 – 200 Jahre preußische Provinz Sachsen (= Beiträge zur Regional- und Landeskultur Sachsen-Anhalts, Bd. 66), Halle

(Saale) 2018, S. 50-65.

TAURECK, Bernhard H. F.: Nietzsche und der Faschismus –
Ein Politikum Leipzig 2000.

THACKER, Toby: Joseph Goebbels – life and death, Basing-
stoke (u.a.) 2009.

TOPOLSKI, Jerzy: Die generellen Linien der Entwicklung der
polnischen neuzeitlichen Nation (16.-19. Jahrhundert), in:
BUES, Almut; REXHEUSER, Rex (Hrsg.): Mittelalterliche na-
tiones – neuzeitliche Nationen – Probleme der Nationenbil-
dung in Europa (= Deutsches Historisches Institut Warschau,
Quellen und Studien, Bd. 2), Wiesbaden 1995, S. 145-160.

TREITSCHKE, Heinrich von: Herr Graetz und sein Judenthum,
in: Preußische Jahrbücher 44, Berlin 1879, S. 660-670.

WILLMS, Johannes: Napoleon III. – Frankreichs letzter Kaiser, München 2008.

ZELLE, Karl-Günter: Mit Hitler im Gespräch – Blenden –
Überzeugen – Wüten, Paderborn (u.a.) 2017.

Internetseiten:

https://d-nb.info/1043622381/34

http://www.mommsen.de/theodor/jf.html

https://www.onmeda.de/magazin/psychopath-soziopath-
unterschied.html

http://www.psi-austria.at/assets/psi-light_kuhl2005.pdf

https://www.stern.de/panorama/auschwitz--tochter-von-kommandant-rudolf-hoess-spricht-ueber-ihre-kindheit-6202476.html